劳模精神 劳动精神 工匠精神

学习读本

中国职工技术协会◎组织编写
乔东　李海燕◎编著

中国工人出版社

图书在版编目（CIP）数据

劳模精神、劳动精神、工匠精神学习读本 / 乔东，李海燕编著.
-- 北京：中国工人出版社，2020.11
ISBN 978-7-5008-7560-4

Ⅰ. ①劳… Ⅱ. ①乔… ②李… Ⅲ. ①职业道德—青少年读物 Ⅳ. ①B822.9-49

中国版本图书馆CIP数据核字（2020）第238812号

劳模精神、劳动精神、工匠精神学习读本

出 版 人	王娇萍
责任编辑	习艳群
责任印制	栾征宇
出版发行	中国工人出版社
地　　址	北京市东城区鼓楼外大街45号 邮编：100120
网　　址	http://www.wp-china.com
电　　话	（010）62005043（总编室） （010）62005039（印制管理中心） （010）82075935（职工教育分社）
发行热线	（010）62005996　82029051
经　　销	各地书店
印　　刷	北京市密东印刷有限公司
开　　本	710毫米×1000毫米　1/16
印　　张	12.75
字　　数	120千字
版　　次	2021年2月第1版　2024年12月第9次印刷
定　　价	39.00元

PREFACE 前言

2020 年 11 月 24 日，习近平总书记在全国劳动模范和先进工作者表彰大会上发表重要讲话强调，大力弘扬劳模精神、劳动精神、工匠精神。“不惰者，众善之师也。”在长期实践中，我们培育形成了爱岗敬业、争创一流、艰苦奋斗、勇于创新、淡泊名利、甘于奉献的劳模精神，崇尚劳动、热爱劳动、辛勤劳动、诚实劳动的劳动精神，执着专注、精益求精、一丝不苟、追求卓越的工匠精神。劳模精神、劳动精神、工匠精神是以爱国主义为核心的民族精神和以改革创新为核心的时代精神的生动体现，是鼓舞全党全国各族人民风雨无阻、勇敢前进的强大精神动力。这是习近平总书记第一次对劳模精神、劳动精神、工匠精神的科学内涵进行系统界定。

党的十八大以来，习近平总书记每年都会发表关于劳模精神、劳动精神、工匠精神主题的重要讲话，或作出相关重要批示。这是习近平总书记系统概括劳模精神、劳动精神、工匠精神科学内涵的重要思想基础。

2013 年 4 月 28 日，习近平总书记在全国总工会机关同全国劳动模范代表座谈并发表重要讲话强调，长期以来，广大劳模以平凡的劳动创造了不平凡的业绩，铸就了“爱岗敬业、争创一流，艰苦奋斗、勇于创新，淡泊名利、甘于奉献”的劳模精神，丰富了民族精神和时代精神的内涵，是我们极为宝贵的精神财富。

2014 年 4 月 30 日，习近平总书记在乌鲁木齐接见劳动模范和先进工作者、先进人物代表，并同他们座谈时，第一次提出劳动精神并强调，我们要在全社会大力弘扬劳动光荣、知识崇高、人才宝贵、创造伟大的时代新风，促使全体社会成员弘扬劳动精神，推动全社会热爱劳动、投身劳动、爱岗敬业，为改革开放和社会主义现代化建设贡献智慧和力量。劳动模范和先进工作者、先进人物不仅自己要做好工作，而且要身体力行向全社会传播劳动精神和劳动观念，让勤奋做事、勤勉为人、勤劳致富在全社会蔚然成风。习近平总书记特别指出，广大党员、干部要带头弘扬劳动精神，增强同劳动人民的感情，带头在各自岗位上勤奋工作、踏实劳动。

2016 年 4 月 26 日，习近平总书记在安徽举行的知识分子、劳动模范、青年代表座谈会上，发表重要讲话，第一次提出工匠精神强调，无论从事什么劳动，都要干一行、爱一行、钻一行。在工厂车间，就要弘扬“工匠精神”，精心打磨每一个零部件，生产优质的产品。在田间地头，就要精心耕作，努力赢得丰收。在商场店铺，就要笑迎天下客，童叟无欺，提供优质的服务。只要踏实劳动、勤勉劳动，在平凡岗位上也能干出不平凡的业绩。

劳模精神、劳动精神、工匠精神不仅受到习近平总书记的高度重视，而且也被写进党和国家的重要政策文件。2015 年，中共中央印发《中共中央关于加强和改进党的群团工作的意见》强调，引导广大职工弘扬劳模精神、劳动精神、工人阶级伟大品格，增强主人翁意识，打造健康文明、昂扬向上的职工文化。2017 年，中共中央国务院印发《新时期产业工人队伍建设改革方案》强调，大力弘扬劳模精神、劳动精神、工匠精神，引导产业工人爱岗敬业、甘于奉献，培育健康文明、昂扬向上的职工文化。同年，习近平总书记在党的十九大报告中强调，建设知识型、技能型、创新型劳动者大军，弘扬劳模精神和工匠精神，营造劳动光荣的社会风尚和精益求精的敬业风气。2019 年，中共中央国务院印发《新时代公民道德建设实施纲要》强调，弘扬改革开放精神、劳动精神、劳模精神、工匠精神、优秀企业家精神、科学家精神，使全体人民保持昂扬向上、奋发有为的精神状态。2020 年，中共中央国务院印发《关于全面加强新时代大中小学劳动教育的意见》强调，根据各学段特点，在大中小学设立劳动教育必修课程，系统加强劳动教育。由此可见，劳模精神、劳动精神、工匠精神对于群团改革、劳动者素质提升、公民道德建设、劳动教育等都有着重大的战略价值和时代意义。

习近平总书记关于劳模精神、劳动精神、工匠精神的系列重要讲话精神，以及党和国家关于劳模精神、劳动精神、工匠精神的重要政策文件精神，不仅成为学术界的研究热点，而且也成为近年来全社会的热点，在全社会掀起了一场弘扬和践行劳模精神、劳动精神、工匠精神的风尚和热潮。

弘扬和践行劳模精神、劳动精神、工匠精神，有五个方面的战略价值。

一是加强新时代党建引领的需要。劳模精神、劳动精神、工匠精神是以爱国主义为核心的民族精神和以改革创新为核心的时代精神的生动体现，是鼓舞全党全国各族人民风雨无阻、勇敢前进的强大精神动力。因此，大力弘扬劳模精神、劳动精神、工匠精神，应该纳入新时代党建工作中。

二是建设文化强国的需要。新时代职工文化是大力弘扬劳模精神、劳动精神、工匠精神的有力抓手，要重点讲好劳模故事、劳动故事、工匠故事。这对于党的十九届五中全会提出的建设文化强国目标，有着直接的支撑作用。

三是发挥工人阶级主力军作用的需要。大力弘扬劳模精神、劳动精神、工匠精神，为我国高质量发展注入了强大的精神动力，必须建立在发挥工人阶级主力军作用基础之上。工人阶级和广大劳动群众要增强主人翁意识，自觉发挥主力军作用，大力弘扬和践行劳模精神、劳动精神、工匠精神。

四是建设高素质劳动大军的需要。各级党委和政府特别是企事业单位，要营造大力弘扬和践行劳模精神、劳动精神、工匠精神的文化氛围，为工人阶级和广大劳动群众提供更多的学习平台和发展机会。

五是维护劳动者合法权益的需要。劳模精神、劳动精神、工匠精神的本质是劳动者的精神文化权益和发展权益。因此，大力弘扬劳模精神、劳动精神、工匠精神，激发广大职工的积极性、主动性、创造性，必须以实现好、维护好、发展好职工合法权益为前提。

本书的出版是我们对习近平总书记关于劳模精神、劳动精神、工匠精神系列重要讲话精神，以及党和国家关于劳模精神、劳动精神、工匠精神系列重要政策文件精神的学习体会和学习成果，也是我们对学术界关于劳模精神、劳动精神、工匠精神相关研究成果，以及全社会弘扬和践行劳模精神、劳动精神、工匠精神相关经验做法的学习借鉴和学习总结，特别是我国涌现出的一批批劳模工匠人才及其感人故事、先进思想，为我们完成本书写作提供了鲜活素材。在此，表示衷心感谢。我们希望本书的出版，能够让广大劳动者对劳模精神、劳动精神、工匠精神有更深入和全面的了解，以更加积极的姿态投身于新时代中国特色社会主义建设中，也期望本书能对劳动教育的开展、职工素质工程的推进、职工文化的建设等，有一定的参考价值。

CONTENTS **目录**

第一章

时代召唤劳模精神、劳动精神、工匠精神

在长期实践中，我们培育形成了爱岗敬业、争创一流、艰苦奋斗、勇于创新、淡泊名利、甘于奉献的劳模精神，崇尚劳动、热爱劳动、辛勤劳动、诚实劳动的劳动精神，执着专注、精益求精、一丝不苟、追求卓越的工匠精神。劳模精神、劳动精神、工匠精神是以爱国主义为核心的民族精神和以改革创新为核心的时代精神的生动体现，是鼓舞全党全国各族人民风雨无阻、勇敢前进的强大精神动力。

——2020 年 11 月 24 日，习近平总书记在全国劳动模范和先进工作者表彰大会上的讲话

第一节
为什么要弘扬劳模精神、劳动精神、工匠精神

党的十八大以来，我国各行各业涌现出很多优秀的劳动者，他们成为建设社会主义现代化强国的中坚力量。全国各地涌现出来的劳模、工匠成为当今时代的社会焦点，受到万众的瞩目和敬仰，而弘扬劳模精神、劳动精神、工匠精神也成为时代的主题。

当前，党和政府如此重视弘扬劳模精神、劳动精神、工匠精神，有着深刻的时代背景，也是顺应时代发展的需求。

一、实现中华民族伟大复兴的中国梦的需要

在 2018 年 12 月召开的庆祝改革开放 40 周年大会上，100 名同志被授予“改革先锋”荣誉称号，在 2019 年新中国成立 70 周年之际，评选出了 300 名“最美奋斗者”，他们就是我国亿万劳动者的杰出代表。他们中不仅有优秀的科学家、企业家，更有优秀的工人代表，如巨晓林、郭明义、许振超等。这些杰出的劳动者都是实现中华民族伟大复兴的中国梦的中坚力量。他们身上体现的劳模精神、劳动精神、工匠精神，为实现中华民族伟大复兴的中国梦提供

了无穷的精神动力。

二、增强文化自信的需要

习近平总书记在党的十九大报告中强调：“文化是一个国家、一个民族的灵魂。文化兴国运兴，文化强民族强。没有高度的文化自信，没有文化的繁荣兴盛，就没有中华民族伟大复兴。”[①]劳模精神、劳动精神、工匠精神既内含中华优秀传统文化的精髓，又体现了中国特色社会主义先进文化的重要内容，是文化自信的具体表现。“劳模精神、劳动精神、工匠精神彰显了社会主义核心价值观的深刻内涵，体现了以爱国主义为核心的民族精神和以改革开放为核心的时代精神，是中华民族宝贵的精神财富。”[②]

三、提升我国产业工人队伍整体素质的需要

目前，我国已经成为世界第二大经济体。在美国《财富》杂志评出的2019年世界500强名单中，我国的企业数量达到了126家，位居世界第一，美国有121家。但是，我国企业存在的问题是大而不强。在一些核心技术和产品上，我国企业与发达国家的企业还有一定的差距。表面上看是我国企业的技术和产品缺乏全球竞争力，实际上是我国产业工人队伍缺乏全球竞争力。为此，中共中央、国

① 习近平，《决胜全面建成小康社会　夺取新时代中国特色社会主义伟大胜利——在中国共产党第十九次全国代表大会上的报告》，人民出版社，2017年，第40—41页。
② 李玉赋，《忠诚党的事业、竭诚服务职工：全面学习贯彻习近平总书记关于工人阶级和工会工作的重要论述》，中国工人出版社，2019年，第14页。

务院印发了《新时期产业工人队伍建设改革方案》，并提出“造就一支有理想守信念、懂技术会创新、敢担当讲奉献的宏大的产业工人队伍”的目标以及“大力弘扬劳模精神、劳动精神、工匠精神”等具体措施。

第二节
劳模精神、劳动精神、工匠精神的价值

习近平总书记在党的十九大报告中强调，要培育具有全球竞争力的世界一流企业。弘扬劳模精神、劳动精神、工匠精神，对于培育具有全球竞争力的世界一流劳动者大军和世界一流企业，有着重大的战略价值。

一、贯彻落实党和国家的政治要求

弘扬劳模精神、劳动精神、工匠精神是党和国家的政治要求，是贯彻落实党的十九大精神的具体表现。“党的十八大以来，习近平总书记多次就工人阶级和工会工作发表重要讲话，作出重要指示批示，强调要大力弘扬劳模精神、劳动精神、工匠精神，树立劳动最光荣、劳动最崇高、劳动最伟大、劳动最美丽的理念，倡导辛勤

劳动、诚实劳动、创造性劳动，尊重关爱劳动模范。”[①] 劳模群体是我国工人阶级中的杰出分子，大国工匠是振兴我国民族工业的脊梁，工人阶级是党和国家的执政基础。弘扬劳模精神、劳动精神、工匠精神，既彰显了我国工人阶级的主人翁地位和主力军作用，又反映了我国社会主义制度的性质。

习近平总书记在2015年庆祝“五一”国际劳动节暨表彰全国劳动模范和先进工作者大会上指出：“爱岗敬业、争创一流，艰苦奋斗、勇于创新，淡泊名利、甘于奉献的劳模精神，生动诠释了社会主义核心价值观。”[②] 弘扬劳模精神、劳动精神、工匠精神的要求，已经写进《中共中央关于加强和改进党的群团工作的意见》《新时期产业工人队伍建设改革方案》等党和国家的重要政策文件。

二、深化我国供给侧结构性改革的要求

我国供给侧结构性改革的主要目的，就是提高我国企业及其产品的世界竞争力。一些中国人到欧洲、美国、日本抢购的现象，足以反映我国市场需求的强大，但也反映出我国的市场供给不够强大。习近平总书记指出：“我国一些有大量购买力支撑的消费需求在国内得不到有效供给，消费者将大把钞票花费在出境购物、‘海淘’购物上，购买的商品已从珠宝首饰、名包名表、名牌服饰、

① 李玉赋主编，《忠诚党的事业、竭诚服务职工：全面学习贯彻习近平总书记关于工人阶级和工会工作的重要论述》，中国工人出版社，2019年，第12页。

② 习近平，《在庆祝“五一”国际劳动节暨表彰全国劳动模范和先进工作者大会上的讲话》，人民出版社，2015年，第4页。

化妆品等奢侈品向电饭煲、马桶盖、奶粉、奶瓶等普通日用品延伸。”[①] 企业及其产品的竞争力在很大程度上取决于劳动者的竞争力。供给侧结构性改革要以人为中心。

我国改革开放 40 多年所取得的成就依赖的人口红利将消失殆尽，由粗放型发展到内涵型发展，尤其是由靠拼廉价劳动力到拼劳动者素质，成为改革发展的必然趋势。从这个意义上讲，弘扬劳模精神、劳动精神、工匠精神对我国供给侧结构性改革有着重大的战略价值。“在我国当前供给侧结构性改革和振兴实体经济的时代背景下，弘扬‘三个精神’的意义还在于培养具有核心竞争力的引领潮流的一流人才，打造一支高素质的技能人才队伍，从劳动力供给侧着力推动产业工人综合素质的提升。做好这项工作，有利于提高劳动者的创新意识，促使他们改进技艺、提高效率，打破思想禁锢和技术桎梏，提供更多有竞争力的产品和服务。”[②]

三、建设社会主义现代化强国的要求

弘扬劳模精神、劳动精神、工匠精神的主要作用在于“建设知识型、技能型、创新型劳动者大军”。没有一流的劳动者大军，难有一流的企业；没有一流的企业，难有大国重器；没有大国重器，难有一流的国家。离开了对劳模精神、劳动精神、工匠精神的弘

---

① 习近平著,《习近平谈治国理政》第二卷，外文出版社，2017 年，第 253 页。

② 李玉赋主编,《忠诚党的事业、竭诚服务职工：全面学习贯彻习近平总书记关于工人阶级和工会工作的重要论述》，中国工人出版社，2019 年，第 242 页。

扬，一流的劳动者大军就难以涌现。

从制造业大国变成制造业强国，我们需要积极构建产业工人技能培养体系，加大对产业工人素质和技能的培养，完善劳动经济权益保障机制，同时建立以企业为主体、市场为导向、产学研深度融合的技术创新体系，培养出更多高技能人才，共同为促进民族工业的发展贡献力量。“产业工人是创造社会财富的中坚力量，是创新驱动发展的骨干力量，是实施制造强国战略的有生力量，在加快产业转型升级、推动技术创新、提高企业竞争力等方面具有基础性作用。”[①] 因此，弘扬劳模精神、劳动精神、工匠精神对培育大国工匠，从而建设社会主义现代化强企和社会主义现代化强国有着迫切的现实意义。

四、培育具有全球竞争力的世界一流劳动者的要求

劳模精神、劳动精神、工匠精神孕育出的全国劳模和大国工匠以及高素质的劳动者大军，是我国在各个历史时期取得重大成就所依靠的力量，也是新时代建设社会主义现代化强国的中流砥柱。习近平总书记强调：“劳动者素质对一个国家、一个民族发展至关重要。劳动者的知识和才能积累越多，创造能力就越大。提高包括广大劳动者在内的全民族文明素质，是民族发展的长远大计。面对日趋激烈的国际竞争，一个国家发展能否抢占先机、赢得主动，越来

① 李玉赋主编，《新的使命和担当：〈新时期产业工人队伍建设改革方案〉解读》，中国工人出版社，2017 年，第 4 页。

越取决于国民素质特别是广大劳动者素质。”[①] 劳动模范就是高素质劳动者的典范。“劳动模范是劳动群众的杰出代表，是最美的劳动者。劳动模范身上体现的‘爱岗敬业、勇于创新、淡泊名利、敢于奉献’的劳模精神，是伟大时代精神的生动体现。我们要在全社会大力宣传劳动模范的先进事迹，号召全社会向他们学习、向他们致敬。”[②] 因此，在培育具有全球竞争力的世界一流企业的新时代，我们应该大力弘扬劳模精神、劳动精神、工匠精神，尤其是大力弘扬劳模精神和宣传劳动模范的先进事迹，这是培育世界一流的劳动者大军的有力抓手。

总之，劳模精神、劳动精神、工匠精神提升的不仅是广大劳动者的知识技能水平，更是广大劳动者的思想意识水平。其中，劳模精神培育出的是在业界乃至国内外做出一流业绩的劳模群体，他们成为行业的榜样和翘楚。劳模精神对企业的意义在于培养一流领军人才。劳动精神孕育的是热爱劳动和崇尚劳动的高素质劳动者大军，他们激发了千千万万名劳动者的劳动热情。劳动精神对企业的意义在于培育有劳动情怀的劳动者大军。工匠精神造就出的是能够不断战胜和超越自己从而书写人生传奇的劳动者群体。工匠精神对企业的意义在于造就不断寻求进步、积极向上的劳动者。

---

① 习近平，《在庆祝“五一”国际劳动节暨表彰全国劳动模范和先进工作者大会上的讲话》，人民出版社，2015 年，第 9 页。

② 习近平，《在庆祝“五一”国际劳动节暨表彰全国劳动模范和先进工作者大会上的讲话》，人民出版社，2015 年，第 8 页。

第三节
劳模精神、劳动精神、工匠精神的相互关系

劳模精神、劳动精神、工匠精神在很多情况下都是被一起提出来的，有时也是其中两个被一起提出。例如，《中共中央关于加强和改进党的群团工作的意见》就是将劳模精神和劳动精神一起提出，即“引导广大职工弘扬劳模精神、劳动精神、工人阶级伟大品格”；中共中央、国务院印发的《新时期产业工人队伍建设改革方案》则是将劳模精神、劳动精神、工匠精神三个一起提出，即“大力弘扬劳模精神、劳动精神、工匠精神”。厘清三者的逻辑关系，对于有效弘扬劳模精神、劳动精神、工匠精神有着重要的意义。

一、劳模精神和劳动精神是部分与整体的关系

从主体上看，劳模精神的主体是劳模群体，劳动精神的主体是所有劳动者，而劳模群体是广大劳动者群体中的佼佼者和杰出代表，也是广大劳动者学习的榜样和楷模。劳模的本意也就是劳动者的模范，劳模群体是劳动者群体的一部分。从这个意义上讲，劳模精神也是劳动精神的一部分。

劳动精神是做一名合格的劳动者应该有的精神，劳模精神则是成为劳模必须有的精神。做劳动者不合格，做劳模更不可能。没有

劳动精神，也很难有劳模精神。所以，劳动精神应该成为所有劳动者都必须拥有的精神，劳模精神也是所有劳动者都应该学习的精神。劳模精神是方向，劳动精神是基础，二者也是方向和基础的关系。

二、劳模精神和工匠精神是外力与内力的关系

劳模精神是所有劳动者都应该学习的精神，是影响和引领每一位劳动者从平凡走向不平凡的外力。劳模精神从外部影响每一位劳动者学先进、做先进。工匠精神则是每一位劳动者都应该具有的精神，是激发和激励每一位劳动者不断挑战自我和超越自我的内力。

工匠精神从内部唤醒每一位劳动者追求做到更好的自觉。劳模精神是超越别人的精神，因为劳模就是因为超越了很多劳动者才脱颖而出。工匠精神是超越自己的精神，世上最大的对手不是别人，而是自己。战胜了自己，就战胜了一切。工匠精神是让劳动者成为自己心中的“劳模”，劳模精神是让劳动者成为别人眼中的“劳模”。做不成自己心中的“劳模”，也很难有资格成为别人眼中的“劳模”。工匠精神点亮了自己的生命，劳模精神则照亮了别人的生命。

三、劳动精神和工匠精神是共性与个性的关系

劳动精神是所有劳动者的共性，每一位劳动者都应该有劳动精神。工匠精神则揭示了不甘于平庸的劳动者的个性，是成就优秀劳动者的必要条件。这种个性不仅是产品和企业的核心竞争力，也是

劳动者的核心竞争力。这里所说的劳动者的个性主要是指劳动者在自我超越过程中彰显出的个人优势及精神状态，也就是工匠精神。换句话讲，没有工匠精神的劳动者很难有出色的成就和骄人的业绩。

精益求精、追求极致是践行工匠精神的核心，也是成就杰出劳动者的根源。当然，如果工匠精神成就的劳动者不仅大大超越了过去的自己，也大大超越了别人，在企业、行业、全国乃至全世界都成为最优秀的劳动者。那么，他就会成为别人学习的榜样，最终就会成为劳模，劳模精神也随之产生。这时候三个精神都在他身上体现了出来。

四、劳模精神、劳动精神、工匠精神的内在关系

从时间上看，劳模精神被提出的时间最早。从革命战争年代一直到今天，劳模精神一直为我党所大力倡导。劳动精神是习近平总书记 2014 年 4 月 30 日在乌鲁木齐接见劳动模范和先进工作者、先进人物代表并同他们座谈时，第一次提出的。习近平总书记当时特别强调，广大党员、干部要带头弘扬劳动精神。工匠精神第一次正式出现是在 2016 年的我国《政府工作报告》中。

我们要学习和理解劳模精神、劳动精神、工匠精神，不仅要考虑时间因素，还要有逻辑上的思考。劳动精神是工匠精神和劳模精神的共同基础。也就是说，没有劳动精神，也很难有工匠精神和劳模精神。按照马克思主义的观点，劳动创造了人本身，劳动把人与

动物区分开来。因此，我们认为，劳动精神是成为人的精神，工匠精神是成为优秀的人的精神，劳模精神是成为影响别人的人的精神。

这是一种逐步递进的关系。党和国家现在大力呼吁弘扬劳模精神、劳动精神、工匠精神，目的就在于让每一个人都热爱劳动，成为自食其力的劳动者，成为更加优秀的劳动者，甚至成为广大劳动者群体中的佼佼者和大家学习的榜样。我国要在新时代建设社会主义现代化强国，不仅需要大量的劳动者，更需要大量更加优秀的劳动者乃至楷模式的劳动者。现在从中央到地方选树的各级工匠就是更加优秀的劳动者，各级劳模就是楷模式的劳动者。

第二章

劳模精神篇

长期以来，广大劳模以平凡的劳动创造了不平凡的业绩，铸就了“爱岗敬业、争创一流，艰苦奋斗、勇于创新，淡泊名利、甘于奉献”的劳模精神，丰富了民族精神和时代精神的内涵，是我们极为宝贵的精神财富。

——2013 年 4 月 28 日，习近平总书记在同全国劳动模范代表座谈时的讲话

第一节
我国历史上的劳动模范

2013 年 4 月 28 日，习近平在同全国劳动模范代表座谈时发表重要讲话指出，在我们党团结带领人民进行革命、建设、改革各个历史时期，劳动模范始终是我国工人阶级中一个闪光的群体，享有崇高声誉，备受人民尊敬。

在革命战争年代，“边区工人一面旗帜”赵占魁、“兵工事业开拓者”吴运铎、“新劳动运动旗手”甄荣典等劳动模范，以“新的劳动态度对待新的劳动”，积极参加义务劳动，全力支援前线斗争，带动群众投身于中国共产党领导的人民解放事业。

新中国成立后，“高炉卫士”孟泰、“铁人”王进喜、“两弹元勋”邓稼先、“知识分子的杰出代表”蒋筑英、“宁肯一人脏、换来万人净”的时传祥等一大批先进模范，响应党的号召，带动广大群众自力更生、奋发图强。王进喜以“宁肯少活 20 年，拼命也要拿下大油田”的气概，带领石油工人为我国石油工业的发展顽强拼搏，“铁人精神”“大庆精神”成为激励各族人民意气风发投身社会主义建设的强大精神力量。

在改革开放历史新时期，“蓝领专家”孔祥瑞、“金牌工人”窦铁成、“新时期铁人”王启明、“新时代雷锋”徐虎、“知识工人”邓建军、“马班邮路”王顺友、“白衣圣人”吴登云、“中国航空发动机之父”吴大观等一大批劳动模范和先进工作者，干一行、爱一行，专一行、精一行，带动群众锐意进取、积极投身于改革开放和社会主义现代化建设，为国家和人民建立了杰出功勋。

一、革命战争年代的劳动模范

劳动模范作为广大劳动群众中的优秀代表，萌芽于土地革命战争时期中央苏区的公营企业的劳动竞赛运动中。1932 年 3 月，中共中央第一次就关于开展劳动竞赛发出《关于革命竞赛与模范队的问题的通知》，要求全党以最大努力发动群众积极性，用组织模范队和革命竞赛的新方式，转变全部工作。同时，临时中央政府土地人民委员部要求各级苏维埃政府组织生产竞赛，并制定了竞赛的评比标准和奖励章程。

进入抗日战争时期，以陕甘宁边区为中心，各抗日根据地将之前已经开展的劳动精神逐步加以宣扬，自觉地在群众中发现典型、宣传典型、以典型引路。为了休养民力和恢复生产，激励群众的生产热情，1938 年 1 月 1 日，边区政府举办了延安工人制造品竞赛展览会，奖励并宣传了一批先进工厂、合作社及劳动英雄，并开始奖励和宣传生产模范。此后，陕甘宁边区开展大生产运动，各行各业都涌现了一批劳动英雄和模范生产工作者。1942 年，随着大生产运动的深入发展和生产大竞赛的普遍开展，各行各业都有劳动英雄和模范生产工作者不断涌现。1943 年 11 月 26 日至 12 月 16 日，陕甘宁边区第一届劳动英雄与模范生产工作者代表大会在延安召开，一批劳模被列为主席团成员。

第一届劳动英雄与模范生产工作者代表大会召开以后，“劳动光荣”的号召更加深入人心，边区的劳模运动进入了更广泛的阶段，劳模运动在各个行业普遍展开，各项建设运动中均产生了很多的劳模。1947 年后，国民党军进攻陕甘宁边区，导致劳模大会无法正常召开，劳模运动也随之停止，但表彰典型作为一种组织形式和工作方法被延续了下来。这个时期的劳模代表主要有赵占魁、吴运铎、吴满有、甄荣典、李位、晏福生等。他们主要体现了为革命献身、革命加拼命、苦干加巧干、经验加创新的劳模精神，呈现“革命型”劳模特征。

人物故事

赵占魁：中国式的“斯达汉诺夫”

赵占魁（1896—1973 年），原陕甘宁边区农具厂工人。毛泽东主席称其为中国式的“斯达汉诺夫”，并为其题词“钢铁英雄”。抗日战争时期，陕甘宁边区广泛开展以建立新的劳动态度、提高生产率为内容的“赵占魁运动”。赵占魁先后被授予“特等劳动英雄”等称号。1943 年 11 月 26 日，陕甘宁边区隆重召开第一届劳动英

雄与模范生产工作者大会。赵占魁及其他劳模的画像与毛泽东、朱德的画像被一同挂在大会主席台的帷幕上。

农民出身的赵占魁12岁开始就先后在太原铜元厂提炼部、太原兵工厂、同蒲路介休车站修理厂做苦工。1938年初，同蒲铁路被日军占领，赵占魁夫妻离散，最后流亡到西安，随后辗转来到延安。在延安，赵占魁被分配到陕甘宁边区农具厂当翻砂工、翻砂股股长。化铁是一项既艰苦又重要的工作，整个过程不能间断。特别是在夏天，头顶炙热的太阳，身穿厚厚的棉衣，站在2000多度的熔炉旁，汗水不停地往下滴。别人是一边吃饭一边看炉，可赵占魁却连饭也顾不得吃，一干就是12小时以上。一天下来，棉衣被汗湿透结出厚厚的白碱。

1942年初，胡宗南向陕甘宁根据地发动进攻，情况万分紧急。军委命令兵工厂要在短期内造出十万颗手榴弹，以应御敌之需。紧急时刻，工人却在少数人的煽动下闹起事来，要求减轻生产任务，提高生活待遇，并扬言要罢工。中央立即派人赴厂调查处理，向工人做了深入细致的思想工作：帮助工人正确认识当时敌我斗争的严峻形势，揭发批判极少数带头闹事的人员，教育工人不要上当。工人很快醒悟了过来，随即恢复了生产。

在同工人做思想政治工作的过程中，调查人员发现第一兵工厂有一位叫赵占魁的工人，他一贯劳动态度好、技术水平高，很能团结人。更可贵的是，在一部分人煽动工人闹事时，他仍坚守岗位，用实际行动进行了抵制。调查人员认为，赵占魁用革命者的态度对待自己的工厂和工作任务，表现出很高的政治觉悟，组织上决定对其予以嘉奖。

当嘉奖的消息见报后，毛主席立即指示说："平时我听你们说要找'斯达汉诺夫'，赵占魁同志就是中国式的'斯达汉诺夫'（斯达汉诺夫是苏联采煤工人，1935 年他以冲天的劳动热情，在 6 小时一班的工作时间内采煤 102 吨，创造了世界纪录，成为全苏联家喻户晓的英雄人物）。你们把他的优点总结起来，树立标兵，推广到各工厂、各生产单位去。"

1942 年 9 月 8 日，《解放日报》发表《农具工厂提出学习模范工人赵占魁的号召》的文章。9 月 11 日，《解放日报》接着发表"向模范工人赵占魁学习"的社论。很快，"赵占魁运动"在陕甘宁边区公营工厂中普遍开展起来。该运动被推广到其他解放区，各地区都树立了自己的"赵占魁"。

摘编自《延安日报》，2019 年 6 月 19 日

二、新中国成立后的劳动模范

新中国成立后，为了恢复发展国民经济，进行社会主义建设，党和政府坚持沿用了革命战争年代的经验做法，依托社会主义劳动竞赛和生产运动，开展了形式多样的劳模运动，评选出成千上万的劳模和先进生产者。从 1950 年 9 月到 1960 年 6 月的近 10 年间，是中国劳模队伍快速发展壮大的时期，党和政府先后召开了四次大规模的全国性劳模和先进生产者代表大会，评选产生了一万多名劳模和先进工作者。其典型代表人物有孟泰、王进喜、时传祥、赵梦桃、郝建秀、倪志福、郭凤莲、张秉贵等。这一时期的劳模主要来源于基层，其中一线产业工人是主流。“一不怕苦、二不怕死”的硬骨头精神和“老黄牛精神”在他们身上生动体现。

劳模队伍的迅速壮大及其具有的示范引领作用，为国民经济的恢复、社会主义建设在各条战线的起步与发展作出了重大贡献，为推广劳模经验、提高生产工作效率、提升组织管理协作水平发挥了重大作用。他们影响了一个时代，激励了一代人去为国家作贡献，鼓励了一代人想去当个好工人的志向。“一五”“二五”计划就是由这一代人实现的。

从 1960 年 7 月到 1977 年 3 月，受“文化大革命”等因素的影响，除部分地区、单位、企业还在评劳模外，全国性的劳模评选活动已停止。随着“文化大革命”的结束和经济社会领域“拨乱反正”的推进，在党和政府的关心下，劳模工作得到了恢复发展，劳模队伍迎来了新中国成立后的第二次发展高潮。从1977年4月到1979年2月，中共中央和国务院连续召开了五次全国性的劳模大会。

人物故事

孟泰：高炉“卫士”

孟泰（1898—1967年），原名孟瑞祥，曾用名孟宪钢，河北省唐山市人，是新中国成立后第一代全国著名劳动模范，先后当选为第一届、第二届、第三届全国人民代表大会代表。他爱厂如家，艰苦创业，在恢复和发展鞍钢生产中作出了重大贡献，成为20世纪五六十年代誉满全国的钢铁战线老英雄。

孟泰生于贫苦农民家庭，12岁入私塾读书，因家庭困难，只读3个月便被迫辍学。16岁，他给地主干活。1916年3月，孟泰只身闯东北，先在辽宁抚顺的栗子沟当小工，后进车辆修理厂当学徒。1926年他到了鞍山，在日本人开办的鞍山制钢所炼铁厂当配管工。抗日战争胜利后，孟泰看到国民党恢复鞍钢无望，便毅然到海城务农。

1948年2月19日，鞍山解放。

但在沈阳的国民党军队尚未被最后消灭，鞍钢还没有条件恢复生产，孟泰领着全家人到了当时的解放区吉林通化。在通化，他深刻感受到了中国共产党对工人的关怀，不但自己没日没夜地干，还动员妻子、女儿一块儿干。经过30余天的辛苦劳动，两座小炼铁炉终于在孟泰和他的伙伴们的努力下复活了。为此，他受到了通化炼铁厂的表彰。

1948年底，辽沈战役结束，孟泰回到了鞍山。为修复鞍山钢铁厂，他不顾刮风下雪，跑遍十里厂区，并动员炼铁厂、修理厂的十几名伙伴，不分昼夜地刨冻雪抢备件，扒废铁堆，掘原材料，在一尺多厚的积雪下，找到了一个又一个备品零件，然后擦干净。几个月间，他们回收了上千种材料、上万个零备件。他们存放这些材料与零备件的小房子，后来被誉为“孟泰仓库”。

1949年7月9日，在孟泰的带动下，鞍山钢铁正式开工生产。从废墟到恢复生产，鞍钢人只用了不到16个月的时间，新中国的钢铁工业从此翻开了崭新的一页。

高炉“卫士”、劳动英雄，是孟泰留给工友们最深刻的记忆。抗美援朝战争期间，在所有人忙着往农村疏散时，孟泰却喊出“高炉在，孟泰在”的口号。他不顾个人安危，硬是把行李扛到高炉上。在鞍钢面临停产危机时，他组织了500多名技协积极分子先后攻克十几项技术难关，成功自制大型轧辊，为鞍钢谱写了一曲自力更生的凯歌。

1950年8月23日，鞍山市总工会召开第一次市劳动模范大会，孟泰被推选为出席全国劳动模范大会的代表。9月25日，在北京中南海怀仁堂，作为全国劳模大会的主席团成员，孟泰坐到了毛主席的身边。1959年4月，他出席了第二次全国人民代表大会。同年10月，孟泰参加了全国工业、交通运输、基本建设、财贸等方面的先进集体和先进生产者代表大会，并被授予“全国劳动模范”光荣称号。1986年4月，鞍钢公司为孟泰举行了塑像揭幕仪式，基座上镌刻着“孟泰精神永放光芒”的题词。1993年4月，鞍钢工会与鞍山市立山区政府共同为孟泰同志在立山公园建造了全身塑像，并将立山公园更名为孟泰公园。

摘编自最美奋斗者网

三、改革开放新时期的劳动模范

1978年是改革开放元年，这一年召开了两次大会，分别是全国科学大会，表彰了先进集体和先进工作者；全国财贸学大庆学大寨会议，授予381人全国劳动模范和全国先进生产者称号。1979年，国务院再次组织表彰工业交通、基本建设战线的先进企业和劳动模范，农业、财贸、教育、卫生、科研战线的全国先进单位和劳动模范。从1989年开始，全国劳模表彰大会统称为“全国劳动模范和全国先进工作者表彰大会”，全国劳模的评选周期也逐步统一到每5年一次，每次约3000人的规模。包起帆、李素丽、徐虎、许振超、孔祥瑞、窦铁成、王启明、邓建军、王顺友、吴登云、吴大观等成为新时期劳模的典型代表。劳模精神的内涵也在不断丰富：奋力开拓、争创一流、建功立业、改革创新、创造价值、与时俱进等成为领跑时代的新向标。知识型、技能型、创新型成为新时代劳模的鲜明特征。

需要注意的是，1977 年和 1978 年的 3 次评选都是以党中央、国务院的名义共同组织，而从 1979 年开始的历次全国劳模评选则以国务院名义单独组织，全国总工会和国家表彰奖励主管部门具体负责实施。直至 2015 年，时隔 36 年，党中央和国务院再次共同举办全国劳模大会，对 2968 名全国劳动模范和全国先进工作者进行隆重表彰，劳模的评选工作从此进入新阶段。

对于改革开放初期的劳模，更强调其对生产力发展的促进。进入常态化、制度化时期后，劳模精神的内涵进一步丰富和明确，包括爱岗敬业、争创一流，艰苦奋斗、勇于创新，淡泊名利、甘于奉献等。

中国特色社会主义进入新时代，更加注重弘扬劳模精神。党的十九大报告提出，要建设知识型、技能型、创新型劳动者大军，弘扬劳模精神和工匠精神，营造劳动光荣的社会风尚和精益求精的敬业风气。在新时代的背景下，随着我国日益走近世界舞台的中央，我国的劳模向世人展示着实现中华民族伟大复兴的坚强意志和为人类作出新的更大贡献的坚定信念。

人物故事

洪家光：挑战极限的“拼命三郎”

洪家光出生于1978年沈阳农村的一个普通家庭。“穷人的孩子早当家”，洪家光家里条件不好，他小时候便经常帮助父母亲干活，贴补家用。为了能够早点工作赚钱养家，洪家光没有选择读大学，而是去读了技校。为了能够帮助家里，洪家光没有住宿，选择每天坐公交车来往于家与学校之间。洪家光的家离学校较远，往返需要近4个小时。洪家光没有浪费这段往返的时间，他选择把公交车变成移动的图书馆，每天在路上阅读一些书籍。在技校的4年里，除了学习学校的课程，洪家光利用公交车上的时间又自学了4本技术书籍。

1999年，他以全专业第一的成绩被分配到中航工业集团工作，做了一名车工。当时技术工人的工资不是很高，一个月180元，养活自己都难，更别提养活远在老家的父母了。洪家光不甘心自己总

是做一些无足轻重的工作、每天待在车间清理一些废弃的旧零件，他想到更重要的岗位上去。于是在清理零件的空闲时间里，洪家光偷偷地跑去看老师傅做工，学习技术，甚至会偷偷用老师傅的工具练技术。

偷学学不来太多的东西，转到车间之后，洪家光便“盯上”了车间劳模孟宪新。他诚恳地拜孟宪新为师，向他学习技术。有了孟宪新的帮助，洪家光的技术突飞猛进。他几乎每天都泡在车间。有一次，他将自己的手砸成了粉碎性骨折，也只休息了 3 天就来上班。一年下来，洪家光的工时达到了不可思议的 7000 个工时。在同期的同事当中，能达到 4000 个工时的人就已经屈指可数了。通过这样的高强度工作，他积累了众多的经验。他也被别人称为“拼命三郎”，但是他乐在其中，因为他渐渐在技术上找到了感觉。

2002 年，中航工业集团有一个大项目——发动机核心叶片修正。发动机是一架飞机的核心，发动机的叶片更是核心中的核心。根据规定，发动机核心叶片的尺寸误差不能超过 0.003 毫米，相当于头发直径的 1/3，操作起来难度极大。因此，平时这项叶片打磨的工作都交给有经验的老师傅来负责。但是，中航公司发布这样任务的时候，公司里唯一掌握这项技术的老师傅生病了。公司里没人敢出来接这项任务，洪家光便主动请缨，承担起了这个相当艰巨的任务。

接手这项工作后，洪家光把自己关在车间里，饼揣在怀里，饿了就啃一口，困了就眯一会儿，一天工作 14 个小时以上。几十天之后，洪家光终于打磨出了合格的叶片，甚至还改进了原来的打磨技术。洪家光一举成名。之后他再接再厉，攻克了众多型号不同的叶片打磨技术难题，还申请了国家专利，先后完成了100多项技术革新，攻克了300多个技术难题。2018年，洪家光荣获国家科学技术进步奖二等奖。这一年，他39岁，成为我国最年轻的打磨工匠。2020年，洪家光获得“全国劳动模范”荣誉称号。

摘编自央视网，2017年5月7日

第二节
如何理解劳模精神

作为劳模精神的创造者，劳动模范以卓越的劳动业绩和高尚的品格成为广大劳动群众学习的榜样和楷模。他们不仅书写了自己的传奇人生，而且全面展示了劳模精神的丰富内涵。他们来自各行各业，有不同的出身背景，但劳模精神是他们共有的品性。他们能在平凡劳动中做出的不平凡业绩、在普通岗位上体现不普通作为、把不可能的事变成可能，关键就在于他们身上具有的劳模精神。

一、劳模的文化内涵

从一定意义上讲，劳模是一种文化符号或精神象征。因为劳模是在党和国家倡导的社会主义先进文化的指导下树立起来的标杆和楷模，代表了在社会主义劳动竞赛中产生的先进思想和高尚品质。劳模尽管来自不同的领域，但是他们有许多共同之处：他们总能对工作积极负责，在各种劳动竞赛中名列前茅；他们身上具有强大的感召力和榜样力量，可以激发周围劳动群众的劳动热情。对于广大劳动群众来讲，劳模不仅是先进劳动效率的标兵，更是先进劳动思想和觉悟的表率。

在革命战争年代，中国共产党在中央苏区带领人民群众进行劳动竞赛，涌现出罗吉昌、赖祥瑞等一批辛勤劳动的典型代表，为苏区建设作出了突出贡献，激励了苏区人民群众积极投入生产。

在抗日战争和解放战争时期，涌现出赵占魁、吴满有、甄荣典等“支前劳模”“工业劳模”，为取得革命胜利提供了充分保障。他们是先进革命文化的传播者和践行者。

在新中国成立初期，涌现出的孟泰、王进喜、时传祥等先进劳动模范，以高度的主人翁意识，主动担当起建设社会主义的重任，为社会主义事业的发展作出了突出贡献。他们是社会主义建设文化的先进代表人物。

在改革开放和社会主义现代化建设新时期，为了促进我国经济、社会的快速发展，提高我国的世界影响力和竞争力，涌现出了一批新时期劳模，如袁隆平、邓稼先、包起帆、许振超等，他们是改革开放文化的先行者。

人物故事

王建清：全国人大代表中的一线工人

王建清，东风商用车有限公司车辆厂“王涛班”班长，先后荣获全国五一劳动奖章、全国劳动模范、“中国汽车十大工匠”等荣誉和称号，是第十三届全国人大代表。

1993年，22岁的王建清成为东风商用车有限公司总装配厂（现为车辆厂）的一名普通工人，这一干就是27个年头。在27年的汽车装调工作中，王建清不断成长，成为东风商用车有限公司车辆厂“王涛班”班长。多年的锤炼让王建清练就了一手绝活儿：通过听启动车辆时的声音，就能找出故障。说起自己刚开始干装调工作的情景，王建清笑称自己是一名“技术小白”。“笔和本子不离身，遇到问题就记下来，见人就叫师父，不懂就跟师父讨教。”王建清说，好记性不如烂笔头。他坚持不懂就问，多练、多记、多学、多干成为他快速提升技术水平的秘诀。凭借这股韧劲和钻劲，王建清从“技术小白”成长为“汽车诊断全科医生”，并成为独当一面的能手，不仅能创新调整技术，还能编写书籍。

“我参与调试的20多万辆东风商用车从没出过错。”王建清在岗27年，始终以极为严谨的工作态度对待每一辆车。王建清说，汽车装调工坚守着东风商用车交付客户的最后一道防线，因此必须担负起责任，精益求精。王建清还通过“五步学习法”“1121素质提升法”等，帮助工友们在学习实践中共同提高，其所在班组在全国大赛中累计获得11金、7银、12铜的好成绩。“王涛班”也先后获得“中央企业学习型红旗班组”“全国工人先锋号”“社会主义劳动竞赛先进班组”等荣誉称号。

摘编自《十堰日报》，2019年5月5日

二、劳模精神的含义

劳模精神是劳模之所以成为劳模，并在平凡岗位上做出不平凡业绩所坚持坚守的基本信念、价值追求、人生境界及其展现出的整体精神风貌。

1．劳模精神树立学习的榜样

劳模精神首先是榜样精神的代名词。因为劳动模范是广大劳动群众学习的榜样和楷模，他们身上体现的劳模精神为我们学习劳模的先进事迹提供了具体的思想内容和精神引领。

2．劳模精神指明奋斗的目标

劳动模范一般是在各种劳动竞赛中脱颖而出的先进劳动者代表

和榜样人物。作为推动他们成为先进劳动效率和超高生产指标创造者和引领者的劳模精神，为广大劳动群众指明了奋斗的目标。

3. 劳模精神体现坚定的理想信念

劳动模范能够在广大劳动者群体中脱颖而出，成为杰出劳动者的代表、创造卓越的劳动业绩，在根本上取决于他们坚定的理想信念。这种坚定的理想信念实际上就是他们身上所体现的劳模精神。

4. 劳模精神展现高尚的境界

劳动模范作为一个先进群体和一种崇高荣誉，代表了一种做人、做事的高尚境界。劳模精神就是展现高尚境界的精神。这种精神主要表现为无私奉献、任劳任怨、大公无私等丰富内涵。

5. 劳模精神代表时代的潮流

不同时代有不同的时代主题，每个时代的劳动模范都承担着不同的时代责任。但是，劳模精神都代表了时代的先进思想和价值追求，代表了所在时代的潮流。

人物故事

白玉晶：了不起的“城市医生”

白玉晶，1977 年 6 月生，吉林省辽源市水务集团公司排水维护队队长，荣获全国五一劳动奖章、全国劳动模范、2020 年“最美职工”等荣誉称号。

她参加工作以来，大多数时间她都在和下水道“打交道”。近

年来，辽源市不断加大对弃管楼的改造力度，解决百姓基本生活保障问题。白玉晶的排水维护队承担下水改造任务，一勺一勺掏上来的都是臭气熏天的粪便，熏得门市关上了大门，行人掩着口鼻走路。但白玉晶和她的队员们没有怨言，咬牙忍着不让自己吐出来。就这样，她带领维护队仅用 13 天时间就改造完了 17 栋楼，困扰居民十几年的难题终于得到了解决。

2014 年春天，位于市区半截河的一处出水口淤堵，影响了居民生活废水排放。白玉晶带领队员们第一时间来到现场，踩着没膝深的淤泥、粪便、杂物，一起用钎子捅、钩子挠和铁锹铲，甚至还用手扒。就在排水口疏通的一瞬间，大量污水“哗”的一声险些将白玉晶冲进河槽里，满是臭味的污水喷溅到她的嘴里、鼻子上和眼睛上。当白玉晶爬到岸上时，一位朋友正巧路过，心疼地说道：“看看你，哪像个排水队长啊！”白玉晶笑着回答：“我是排水队长，首先就要带头干活，发挥表率作用。”白玉晶用实际行动展现着一名“城市医生”的公仆情怀。

“宁脏我一个，幸福千万家。”白玉晶连续奋战在排水维护岗位上 19 个年头、6000 多个日日夜夜。白玉晶心中一直坚持一个理念：“每项工作都要有人去做。清掏工作脏、累、苦，如果大家都不去做，那这个城市就不会有干净、整洁的环境。既然选择了干清掏工作，就要努力把它干好。”钻明沟、爬暗渠，掏窨井、通管路，她已然成了辽源排水管网的“活地图”。多年来，哪里有急难险重的工作，哪里就有白玉晶身先士卒、不知疲倦的身影。在全市 1 万多座排水井、3000 多座检查井、200 多公里排水管网中，她默默坚守着自己的职业操守，奉献着青春热血，实现着人生价值。

摘编自《吉林日报》，2017 年 4 月 29 日

三、劳模精神的特点

劳模精神侧重于增强广大劳动群众的竞争意识，工匠精神偏重于唤醒广大劳动群众的自强精神。劳模精神的特点主要包括制度性、先进性、群众性、时代性、教育性等。

1．制度性

劳模精神的首要特点是制度性。劳动模范的评选以及劳模精神的弘扬已经成为我国社会主义制度的重要内容。劳模精神对于坚持和完善发展社会主义先进文化的制度、巩固全体人民团结奋斗的共

同思想基础有着重要的意义。

2．先进性

劳模精神的先进性是指劳模精神是一种先进的思想理念和价值追求，是成就劳动模范这一类先进人物的精神动力。这种先进性通过劳动模范的先进事迹来表现。这就要求我们要理解劳模精神的先进性，必须深入了解劳模的发展历史和取得的重要成就，特别是他们在成长过程中经历的重要事件以及形成的重要先进思想观念和价值追求。

3．群众性

劳模精神的群众性是指劳模精神产生、发展和升华于广大劳动群众。从一定意义上讲，劳模精神体现的是群众的智慧和力量，是党的群众路线发挥作用的具体表现。所以，劳模精神来自群众，还要回归群众。劳模精神既是劳动模范在广大劳动群众中脱颖而出的原因，又为广大劳动群众指明了奋斗的方向。劳模精神是教育、引导和激发广大劳动群众积极性、主动性、创造性的强大精神力量。

4．时代性

劳模精神是时代的产物，也是时代的精华，具有鲜明的时代性。所以，劳模精神既有相对稳定的内涵，又有鲜明的时代特点。劳模精神是成就优秀劳动者的精神，这是其永远不变的内涵。但是，劳模精神必须反映时代的要求和顺应时代的发展，才会具有旺盛的生命力。

5. 教育性

劳模精神的教育性不仅体现在激励广大劳动群众劳动技能水平和劳动业绩的提高方面，更体现在塑造广大劳动群众的世界观、人生观、价值观尤其是理想信念的教育方面。劳模精神的本质就是一种先进的价值理念和文化体系，是激发广大劳动群众劳动热情和创造活力的重要工具。

人物故事

巨晓林：农民工楷模

巨晓林，中国中铁电气化局集团一公司技术员。参加工作30多年来，他从一名普通的农民工成长为享誉全国的“知识型新型工人、农民工楷模”，先后荣获全国五一劳动奖章、全国劳动模范、国家技能大师、改革先锋、“最美奋斗者”等荣誉和称号，光荣当选为党的十八大、十九大代表，第十二届全国人大代表和中华全国总工会兼职副主席，等等。

1987年，随着北同浦、大秦铁路工程的紧张施工，一群铁路电气化人在铁道沿线扎下了根。24岁的巨晓林，被招收到北同浦铁路线上一个不起眼的工地上，当上了合同制农民工。

工作之初，面对铁路电气化接触网各种型号的零配件，只有高中文化的他一片茫然。带他的师傅鼓励他：“别着急，慢慢来，只要下苦功，没有学不会的。”他白天跟着师傅学，晚上追着师傅问，

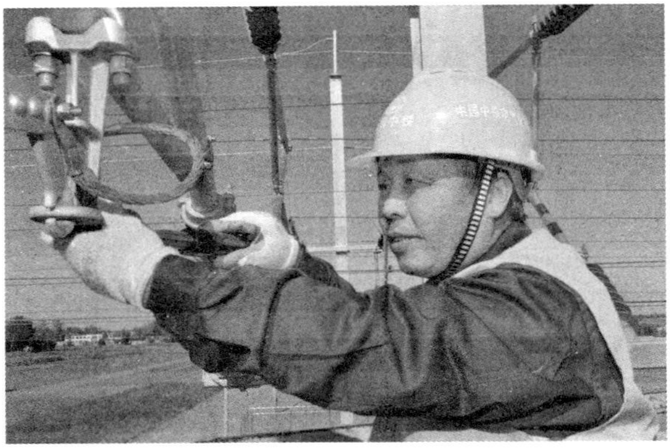

营地熄灯以后，还悄悄地打着手电筒学习，把学到的技术要领记在本子上。有工友问他："你一个农民工，学那玩意儿干啥？"他说："咱一个农家子弟，找份工作不容易。干，就要干好！咱农民工也要努力学技术，成为懂行的人。"

经过20余年对技术技能的探索和积累，他记了70多本共计26万余字的笔记，熟练掌握了工程测量、机械制图、接触网软横跨计算预配与安装、接触网导线架设与调整等全套技术，具备指导本工种高级工技能操作的能力，成为出类拔萃的能工巧匠。他总结的接触网施工经验和方法也被出版成书——《巨晓林工作法——接触网施工》，成为电气化铁路接触网工实用的技能培训教材。

摘编自最美奋斗者网

四、劳模与工匠的差异

劳模与工匠已经成为当今时代我国社会广大劳动群众学习的榜样和追求的目标。作为广大劳动群众中的佼佼者和先进代表，劳模的评选从革命战争年代一直延续到今天，除了国家层面的全国劳模评选，还有省级、市级、县区级乃至企业层面劳模的评选。近年来，各地也不断掀起以弘扬工匠精神为主题的工匠选树活动。

劳模与工匠，都在社会主义现代化事业的建设中作出了卓著贡献，都是经我国相关部门审核和审批后授予的荣誉称号。劳模与工匠是各行各业的杰出代表，在他们身上体现着社会对某一劳动技能水平和综合素质的最高评价。他们都是民族的精英、国家的栋梁、社会的中坚、人民的楷模，是党和国家的宝贵财富，是时代的领跑者。从一定意义上讲，劳模与工匠代表的是先进人物、先进事迹、先进思想、先进技术、先进方向等。因此，劳模与工匠就是广大劳动群众的旗帜、标杆、品牌、形象等。以上这些是劳模与工匠的共性。在这些共性上，劳模与工匠的含义是一样的。

但是，劳模与工匠也有着显著的差异。首先，二者的范围不同。劳模几乎包括所有行业最优秀的劳动者，工匠主要是指能工巧匠，一般只包括在某一项专业技术、技能、技艺方面非常出色的劳动者。其次，二者产生的时间不同。劳模评选启动的时间要比工匠长得多。再次，二者的定位不同。最早的劳模运动起源于劳动竞赛，从一定意义上讲，劳模是与别人“比”出来的，从而成为别人学习的模范。对于工匠，一般看重的是其在某项技术、技能、技艺方面钻研的深度、力度、精度乃至持久度等。我们平时说的“十年磨一剑”指的就是这个意思。也就是说，工匠是与自己“比”出来的。最后，二者的使命不同。劳模的使命更多在于做广大劳动群众的模范和榜样，工匠的使命更多在于展示和挖掘每一位劳动者的绝技、绝活儿、绝艺。所以，劳模与工匠的这些显著差异体现了二者不是完全相同的群体。

人物故事

胡洪炜：±800千伏特高压带电作业世界第一人

胡洪炜，1978年9月生，国网湖北检修公司输电检修中心带电二班班长，荣获全国道德模范、全国劳动模范、2020年“最美职工”等荣获称号。

胡洪炜2000年退伍后，成为国网湖北电力的一名一线工人。2001年，他第一次参加线路检修，更换葛南线的间隔棒。第一天，师傅一口气换了8个，他却只换了3个，最后师傅返回帮他换了1档线的间隔棒，他惭愧地琢磨了一晚上操作的技巧。第二天，他先缠着师傅讲解操作要领，探讨改进办法，边干边琢磨，基本上能与师傅“并驾齐驱”。到了第三天，情况就不同了，他返回来帮师傅换了1档线的间隔棒，这样他心里才踏实了。“三天超师傅”成为一段佳话。

2009 年 6 月 10 日，胡洪炜迎来了从业生涯中最大的挑战：世界上首次 ±800 千伏特高压输电线路带电作业。±800 千伏特高压输电线路带电作业虽然理论上已经过关，在全世界从没有人真正挑战过，一旦成功，就意味着中国真正掌握了世界最高电压等级输电线路检修技术。经过特殊训练，2009 年 6 月 10 日开始正式试验。胡洪炜说："上场那一刻，我心里既紧张又兴奋，为国争光，哪怕出现万一我也值。"

胡洪炜按照操作规程，以最快的速度勾住了电缆。在强大的电磁场作用下，他的脸上好像有无数的小针在扎，头发像有人用力拉拽，耳边嗡嗡作响。心理素质强大的胡洪炜沉着应对，继续保持工作状态，一个小时后顺利完成各项操作，使得试验圆满成功。

胡洪炜因此成为完成 ±800 千伏特高压输电线路带电作业的世界"第一人"，被大家称为"禁区勇士"。对于这一称呼，他说："真正的禁区，不在于距离而在于每个人的内心。选择一个方向，努力工作，坚持不懈，只要坚持每个人都是英雄。”2014年12月8日，胡洪炜带领团队实施了世界上首次1000千伏特高压输电线路直升机带电检修。

摘编自《中国电力报》，2020年11月26日

第三节
劳模精神的主要内容

劳模精神的主要内容包括爱岗敬业、争创一流，艰苦奋斗、勇于创新，淡泊名利、甘于奉献。这些内容一方面道出了劳模之所以能在广大劳动者群体中脱颖而出的根本原因，另一方面也为广大劳动者群体提出了奋斗的目标和方向。其中，爱岗敬业是本分，争创一流是追求，艰苦奋斗是作风，勇于创新是使命，淡泊名利是境界，甘于奉献是修为。

一、爱岗敬业

爱岗敬业就是热爱自己的岗位、崇敬自己的职业。因为有了这份热爱和崇敬，劳动模范才会用心珍惜自己的岗位，认真规划自己的职业。爱岗敬业让劳动模范对工作岗位充满热情和感情，对职业

产生热爱感和敬畏感。

1．热爱岗位

所有劳动模范都是在自己工作岗位上做出了卓越的成就、超越了很多人，才成为大家学习的榜样和标兵。工作岗位没有高低贵贱之分，只有贡献大小之别。一个人只有立足岗位、了解岗位、热爱岗位才会不断取得进步，在为社会和国家作出贡献的同时，实现自己的人生价值。

2．敬畏职业

任何职业都能创造价值。一个人只有认识到自己所从事的工作的价值，才会对职业充满热爱和敬畏感。敬畏职业主要表现为乐业、敬业、勤业、精业。

3．钻研业务

劳动模范就是因为热爱岗位、敬畏职业，才会专心致志地学习专业知识，掌握技能、技艺、技术，提高自己的业务水平。2016年4月26日，习近平总书记在知识分子、劳动模范、青年代表座谈会上指出，只要勤于学习、善于实践，在工作上兢兢业业、精益求精，就一定能够造就闪光的人生。

人物故事

张黎明："点亮万家"的蓝领创客

张黎明，1969年8月生，国网滨海供电分公司运维检修部配电

抢修班班长，负责天津滨海新区80余万用户电力故障抢修及10千伏高压故障处理，先后荣获全国劳动模范、全国优秀共产党员、时代楷模、改革先锋等荣誉称号，当选党的十九大代表，多次受到习近平总书记亲切接见。

自1987年参加工作以来，张黎明始终坚守“黎明出发、点亮万家”的服务承诺，在滨海这块改革开放的前沿热土上抒写着一名共产党员对党的无限忠诚、对事业的坚定执着、对百姓的绵厚深情。

张黎明坚守“电力抢修是雪中送炭、救人危急的事，干着光荣”的信念，传承新时代电力工人的使命。参加工作以来，他累计巡线8万多公里，利用工余时间绘制线路图1500余张，对所辖线路的参数指标、安全状况、沿线环境等情况了然于胸，被誉为电力抢修“活地图”。经过长期实践，他可以根据停电范围、天气情况和线路状况等，迅速、准确地判断出故障点和故障成因，做到事故诊断“一手准”，为及时恢复送电赢得宝贵时间。

“服务没有最好，创新就能更好。”张黎明把工作场所变成了创新阵地，时刻留意工作和服务中的“疑难杂症”，常将点滴创新火花变成创新火炬，成为滨海新区这片热土上点亮万家的蓝领创客。

在配电抢修工作中，对故障设备的定位查找占了事故抢修的大部分时间。面对这一困境，张黎明敏锐地觉察到电力行业中“互联网 + 技术”的广阔前景。他召集青年骨干历时 3 个月研发出“配电设备地图 App”，并将此软件植入现有的抢修移动终端 PDA 中，实现了配网设备的快速精准定址、定位，使得设备的定位时间下降 60%。他勇于站在时代前沿开展创新攻关，率领团队研发基于人工智能的带电作业机器人，既促进产、学研、深度融合，又有效降低安全风险和劳动强度。该项目被天津市列为人工智能重大科技项目，参加第二届世界智能大会，受到一致好评。2017 年，张黎明创新工作室获评“全国示范性劳模和工匠人才创新工作室”。

摘编自最美奋斗者网

二、争创一流

劳模精神作为一种先进的精神文化理念，成就的就是一流的业绩和水平。争创一流代表了劳动模范积极奋发的精神风貌和凝心聚力的追求目标。各行各业的劳动模范都是争创一流的标兵和典范。

1. 一流的标准

劳动模范能够创造一流业绩的首要原因在于他们总是坚持一流的标准，总能跟随甚至引领行业、国内、国际的潮流。一个国家、一个企业的竞争力主要取决于是否掌握了一流的技术标准。争创一流的劳模精神体现了劳动模范对一流技术永不停歇的追求。

2．一流的态度

态度决定高度。没有一流的态度，难有一流的高度。劳动模范面对各种问题、困难、挫折、挑战乃至失败时，总会从积极的方面去思考，从可能成功的一面去努力，最终取得一流的业绩。他们的一流态度更多表现为阳光、积极、向上的心理状态。

3．一流的习惯

一流的态度转化为一流的习惯，才会取得一流的业绩。劳动模范的一流，在根本上表现为一流的工作习惯。一流的习惯就是不断坚持地做最好的自己，从而创造一流的成绩。

人物故事

窦铁成：勇于奋斗的“工人教授”

窦铁成，1956年出生，是中铁一局集团电务公司供电安装分公司电力工、高级技师，全国劳动模范，党的十八大代表。他从一名初中文化程度的农村青年，成长为企业创造上千万元效益的电力专家，先后参与建设京秦铁路、京九铁路、西康铁路、京珠高速、西成高铁等上百个工程项目，被誉为“工人教授”“金牌工人”“专家型工人”。

1979年，23岁的窦铁成步入了中铁一局集团电务公司电力工人的行列。1983年，窦铁成满怀信心地来到京山压煤改线和京秦

线之间的沱子头变电所，这也是他第一次接触变配电施工。望着一寸半厚的各种图纸和两层高的变电所大楼，他不由得倒吸了一口凉气——自己的那点知识根本无法应对。但是倔强的他告诫自己："再难的知识，只要一点点啃，一点点琢磨、分析，总能悟出个道道来。"于是，窦铁成白天干活，晚上把自己关在备用调压器房里，对照专业书籍，一张张图纸、一条条线路、一个个节点地分析解读，研究设备如何安置、电缆怎么走。施工期间，他把加起来一寸半厚的七套各类不同技术图纸齐齐地画了一遍。最后，他参与的工程不仅顺利完工，还获得了国家优质工程银质奖。

奋斗，让窦铁成站在了技术的最前沿。1999 年，43 岁的他从辨认一个个字母开始，练打字、写总结，钻研 CAD 制图软件，成了中铁一局 3 万多名员工中掌握、电脑设计、绘制电力图纸的第一人。

"一个人可以没有文凭，但不能没有知识。"40 年间，窦铁成书写了近 200 万字的学习笔记，记满了 90 多本工作笔记，先后解决技术难题 69 项，提出设计变更 7 次，解决送电运行故障 400 余次。由他负责安装的近百座铁路、地铁变配电所，全部一次性验收通过、一次送电成功，并全部获评优质工程。

2011 年，窦铁成技能大师工作室成立，几年来已取得累累硕果：成功研发出疏散平台测量小车、便携式多功能使用锤等成果；变传统的线缆绑扎法为线卡固定法，开辟了铁路通信施工工艺提升的新路径……

努力终有收获。这些年，鲜花和荣誉涌向了窦铁成。他获得了全国劳动模范、新中国成立以来感动中国人物、全国知识型标兵等荣誉称号。

摘编自《陕西日报》，2019 年 11 月 4 日

三、艰苦奋斗

艰苦奋斗精神不仅是劳模精神的重要内容，也是中华民族的优良传统。艰苦奋斗是指为实现人生目标而不惧艰难困苦、顽强奋斗、百折不挠、自强不息、居安思危、戒奢以俭的劳动态度及精神风貌。

1. 艰苦

艰苦主要是指物质条件的穷苦以及面临的处境艰难。俗话讲，吃得苦中苦，方为人上人；穷人的孩子早当家；不经风雨难以成大树……讲的就是艰难困苦成就人生的道理。劳动模范之所以能够成就一番事业，一般都会经受艰苦的考验。

2．奋斗

2018 年 2 月 14 日，习近平总书记在 2018 年春节团拜会上的讲话指出，只有奋斗的人生才称得上幸福的人生。奋斗是艰辛的，艰难困苦、玉汝于成，没有艰辛就不是真正的奋斗。劳动模范的成长、成才、成功的关键在于奋斗。他们正是因为持续不断地奋斗，才有了平凡中的伟大成果。

3．勤俭

古人云："俭，德之共也；侈，恶之大也。"诸葛亮把"静以修身，俭以养德"作为"修身"之道。勤俭是一个人的责任，也体现了一个人的素质。学习劳模精神，就是要把勤俭作为劳模的优秀品质加以弘扬和传承。

人物故事

潘从明：从技校生到"大国工匠"

潘从明，1973 年 9 月出生，现任金川集团铜业有限公司贵金属冶炼分厂提纯班班长，荣获全国五一劳动奖章、国家科技进步二等奖、全国劳动模范、2020 年"最美职工"等荣获称号。

1996 年，潘从明从金川公司技校铸造专业毕业后，被分配到金川公司贵金属提纯岗位。十多年间，潘从明啃下了 120 多本化学和冶金专业书籍，光学习笔记就写了 30 多万字。经年累月的辛勤耕耘，结出了累累硕果。

银阳极泥中金铂钯的净化与回收一直是世界性难题，国内技术尤其落后。潘从明翻阅了厚厚的学习笔记，大量调研了金川、大冶有色等国内外一百多家企业银阳极泥的成分，历时近2年的刻苦研发、近2000次实验研究，使得“银阳极泥中金铂钯高效提取技术”在2012年全面研发完成并实现投产。该技术应用以来，为金川累计创直接经济效益3.5亿元，盘活贵金属资源6400吨，增产金铂钯686.729千克。

针对贵、贱金属等几十种杂质元素共存的铑铱物料，他抛开传统工艺的束缚，另起炉灶，从头做起。对于每一个元素的分离，他均从设计的数十种方法中筛选出最为高效和经济性能最好的，通过日日夜夜的反复推敲、计算，经过上千次的实验探索，最终开发了一套收率指标高、加工成本低、生产周期短、环保性能好的复杂铑铱物料分离精炼全新工艺。这一工艺使铑铱生产周期缩短了62.5%，单位加工成本降低了55.9%，解决了40多年来困扰无数国内外同行专家、教授的世界性难题，填补了国内外铑铱生产技术的空白，是我国铑铱资源高效综合利用工业发展的一个重要里程碑。

摘编自金昌市人民政府网，2020 年 1 月 15 日

四、勇于创新

2020 年 11 月 24 日，习近平总书记在全国劳动模范和先进工作者表彰大会上发表重要讲话指出，要增强创新意识、培养创新思维，展示锐意创新的勇气、敢为人先的锐气、蓬勃向上的朝气。劳动模范能成为广大劳动群众的模范和榜样，在很大程度上取决于他们不断有创新的成果、创新的技术和创新的思想。而创新意识、创新思维、创新勇气以及创新责任，是劳模精神的灵魂。

1．创新意识

创新意识是为了满足新的社会需求，或是用新的方式更好地满足原来的社会需求所产生的求新意识或求异意识。劳动模范勇于创新的精神表现在他们始终充满创新意识。他们既能感受到国家对创新的要求，又能及时发现劳动实践中的创新问题。

2．创新思维

创新思维是在创新意识基础上形成的思维活动，是人类活动的高级过程。创新思维往往具有独创性。劳模的创新思维是与众不同的、独具卓识的，能见人之所未见、想人之所未想、创人之所未创。

劳动模范之所以能够在平凡的岗位上做出不平凡成就，关键在于他们有创新思维。而劳模精神就是在创新思维引导下形成的价值追求和精神风范。

3．创新勇气

创新需要勇气。很多劳动模范之所以会把一些不可能变成可能，重要的原因之一就是他们有创新勇气。他们敢于不断挑战极限，特别是不断挑战自己。面对很多人不看好乃至放弃的重大困难，他们总能挺身而出、迎难而上、锲而不舍，最终总会取得重大突破。这一切都离不开巨大的创新勇气。

4．创新责任

劳动模范作为党和国家选树的先进劳动者代表，承担着重要的创新责任。劳动模范也有责任和义务引领广大劳动群众承担创新的责任，营造鼓励创新、爱护创新、尊重创新、支持创新的良好氛围，进一步发挥人们创新的积极性和主动性。有创新的责任意识对于拥有创新勇气起着重要的支撑作用。

五、淡泊名利

劳模精神中的淡泊名利是指劳动模范在平凡岗位中做出不平凡业绩时，不过于在意名和利，而在意自己对社会的价值和贡献。淡，就是不重视；泊，就是停止。很多劳动模范几十年如一日，默默耕耘、脚踏实地，为国家和社会作出了重大贡献，实现了自己的人生理想和价值，成为广大劳动群众学习的先进模范。

诸葛亮在《诫子书》中说："非淡泊无以明志，非宁静无以致远。"这句话是说，不把眼前的名利看得轻淡就不会有明确的志向，不能平静地学习就不能实现远大的目标。"淡泊""宁静"不是求清净、不作为，而是要通过"明志"，树立远大的志向，待时机成熟就可以"致远"，轰轰烈烈地干一番事业。很多劳动模范不屑于追求个人名利，而是将全部的心血和才华投入喜爱的事业之中。他们一方面能够享受到心如止水的快乐，另一方面也能水到渠成地获得惊人的成就。真正淡泊名利之人，心态平和，视名利如粪土，能够堂堂正正做人、踏踏实实做事，最终获得精神上的享受。

人物故事

尉凤英：毛主席的好工人

1933 年 6 月，尉凤英出生在辽宁抚顺的一户普通家庭。她当选过全国第二届、第三届人大代表，中共第九届、第十届中央委员，第十一届中央候补委员。2019 年 9 月 25 日，尉凤英获"最美奋斗者"个人称号。

1953 年，20 岁的尉凤英进入沈阳七二四厂（东北机器制造厂），成为一名学徒工。上班第一天，她就向师父表态："您分配我干啥都行，我有力气，不怕脏、不怕累！"尉凤英是这么说的，也是这么做的。厂里生产任务重，尉凤英主动加班加点，早来晚走，从来不喊苦和累。进厂第一年，尉凤英就实现了两项技术革

新，成功将手工送料改成自动送料，提高工效5倍。1953年至1965年间，她实现技术革新177项，其中重大技术革新58项。

技术革新项目的奖金，尉凤英全都用来购买科研资料、建图书馆。“那时的人心中没有‘我’字”，这是尉凤英经常挂在嘴边的一句话。她在工作实践中也自觉把党的利益放在第一位，不为名、不为利，一心一意干社会主义。

1956年、1959年，在全国先进生产者代表大会、全国“群英会”上，尉凤英被授予“全国先进生产者”称号。1965年4月，她被党中央命名为“毛主席的好工人”。尉凤英曾多次受到党和国家领导人的接见，先后13次受到毛主席接见。

摘编自新浪网，2019年11月18日

六、甘于奉献

甘于奉献的劳模精神体现了劳动模范的修为和高尚的品格。甘于奉献中的“甘于”是指愿意、乐意、情愿；“奉”是指给予；“献”是指不求回报。甘于奉献主要是指一个人默默付出、心甘情愿、不图回报的精神状态。甘于奉献体现的是一种爱，是劳动模范对自己事业的不求回报的爱和全身心的付出。

回想每个时代的劳动模范，他们都是为了党和国家的事业以及人民的幸福生活，默默地奉献着自己的人生和智慧，在自己平凡的岗位上做出不平凡的业绩。因为他们具有甘于奉献的伟大精神，使得他们只知奉献、不知索取，用自己的实际行动回报着社会。无论时代怎样发展，甘于奉献的劳模精神都是鼓舞和激励广大劳动群众奋发向上的巨大力量。

实现中华民族的伟大复兴，需要“舍小家、顾大家”的甘于奉献的精神。只有将自身的命运和祖国的命运紧密相连，在为国家富强、民族复兴的过程中奉献自己的力量，才能体现生命的真正意义。甘于奉献是一种美德，更是一种力量。每个时代都会涌现出一批批劳动模范。他们或贫穷，或富有，但心中都有一个坚定的信念——甘于奉献、不求回报。千千万万劳模的事迹都凸显出了甘于奉献的强大力量。

人物故事

杨怀远：书写为人民服务的“扁担传奇”

杨怀远，安徽省庐江县人，1937 年出生，1956 年入伍，1960

（右一为杨怀远）

年转业至原交通部上海海运局，成为一名海员。他先后从事船舶生火工、服务员等工作，被选为中共十三大代表，获评全国劳动模范等荣誉称号，2009 年当选“100 位新中国成立以来感动中国人物”。杨怀远以全心全意为人民服务的“小扁担”精神赢得广泛赞誉，树立起新时代奋斗者的良好形象。

让杨怀远获得无数荣誉的，是在他本职工作之外的一根根扁担。上船、下船的时候，他用扁担将旅客的行李挑上挑下，义务服务。他不是挑夫，但他比挑夫还像挑夫。杨怀远的肩膀和寻常人不一样。他的肩上有两块像肉馒头一样的肉疙瘩，这是他几十年来挑扁担磨出来的。他几十年如一日，书写了为人民服务的“扁担传奇”。

杨怀远全身心地投入为旅客服务之中，经常深入条件最差的五等舱里，为孩子洗尿布，为病人洗疮口，为老人挑行李，为妇女背孩子，不怕苦、不怕累、不怕脏、不怕烦，在最平凡的岗位上作出了不平凡的贡献。

杨怀远制定了 120 多项便民措施，自制了多种方便旅客的用具，建立了装有多种物品的方便箱，从服务工作的“扫、倒、拖、揩、端、送、洗、刷”中，总结出旅客在旅途中可能遇到的12个方面的39种困难，总结出“亲、勤、和、迎、访、送”的服务经验，独创了一套语言服务和心理服务方法。他被旅客赞誉为“老人的拐杖”“孩子的保姆”“聋子的耳朵”“哑巴的嘴巴”“瞎子的眼睛”“病人的护士”，树立起一个可敬、可爱、可信、可靠的奋斗者形象。他不断总结经验，创造性改进服务手段，并用他独具特色的生动语言，归纳、概括了许多反映服务规律的经验，开了海上客运服务学的先河。

摘编自最美奋斗者网

第四节
劳模精神的时代价值

从劳动模范的出现和成长历程看，他们既是时代发展进程中必然会凸显出来的人物，也是时代的引领者。他们之所以能够成为广大劳动群众中的佼佼者，一方面在于他们在党和国家的事业发展中作出了重大贡献，另一方面则是他们身上体现的劳模精神生动诠释了时代精神的丰富内涵。劳模精神作为伟大时代精神的生动体现，印证着社会发展的变迁，也体现着一个民族的思想精华，代表了一个时代的文化符号。在当前实现中华民族伟大复兴中国梦的新时代背景下，劳模精神有着更重大的时代价值。

一、实现中华民族伟大复兴的中国梦

2012 年 11 月 29 日，在国家博物馆，习近平总书记在参观“复兴之路”展览时，第一次阐释了“中国梦”的概念。2017 年 10 月 18 日，习近平总书记在党的十九大报告中再次强调，实现中华民族伟大复兴是近代以来中华民族最伟大的梦想。劳动模范作为广大劳动群众中的佼佼者和杰出代表，对于实现中华民族伟大复兴的中国梦有着重大的时代引领作用。因为他们通过自己的卓越劳动业绩在广大劳动群众中脱颖而出，为广大职工群众作出了示范，成了榜样。特别是他们的事迹及精神，对于引导广大劳动群众不断提升思想道德素质和科学文化素质、提高劳动能力和劳动水平，激发广大劳动群众实现中华民族伟大复兴中国梦的劳动热情，都有着重大的现实意义和深远的历史意义。

人无精神不立，劳模精神让我们清晰地看见，务实的精神追求是推动事业成功的强大力量，是一股旺盛的生命力，更是实现中华民族伟大复兴中国梦的强大精神力量。长期以来，广大劳模以高度的主人翁责任感、卓越的劳动创造、忘我的拼搏奉献，谱写出一曲曲可歌可泣的动人赞歌。劳模精神是我们极为宝贵的精神财富。“宁肯少活 20 年，拼命也要拿下大油田”的“铁人精神”、“特别能吃苦、特别能战斗、特别能攻关、特别能奉献”的载人航天精神等一座座精神丰碑，为激励和带动亿万群众投身改革建设实践提供了重要精神动力。

延伸阅读

“铁人”王进喜：中国工人阶级的光辉形象

“铁人”是20世纪五六十年代石油工人王进喜的称号，而“铁人精神”是对王进喜崇高思想、优秀品德的高度概括，也集中体现出我国石油工人的精神风貌。铁人精神内涵丰富，主要包括：“为国分忧、为民族争气”的爱国主义精神；“宁可少活20年，拼命也要拿下大油田”的忘我拼搏精神；“有条件要上，没有条件创造条件也要上”的艰苦奋斗精神；“干工作要经得起子孙万代检查”“为革命练一身硬功夫、真本事”的科学求实精神；“甘愿为党和人民当一辈子老黄牛”，埋头苦干的奉献精神等。铁人精神无论在过去、现在还是将来，都有着不朽的价值和永恒的生命力。

1958年7月，王进喜首先提出“（钻井进尺）月上千（米），年上万（米），玉门关上立标杆”的奋斗目标。他1959年创年钻井进尺7.1万米的全国最新纪录，一年的进尺相当于过去中国42年钻井进尺的总和。同年，王进喜被评为全国劳动模范，出席了全国“群英会”，参加了新中国成立10周年大庆的国庆观礼。

1960年3月，王进喜率领1205钻井队从玉门日夜兼程地赶赴大庆。到大庆萨尔图以后，王进喜下了火车，一不问吃，二不问住，找到调度室首先问：“我们的钻机到了没有？我们的井位在哪里？这里的钻井最高纪录是多少？”

1960年4月2日，从玉门发出的钻机和设备运抵萨尔图。可当时吊车、汽车、拖拉机非常少，60多吨重的钻机和设备无法卸车、搬运和安装。面对重重困难，王进喜对大家说：“有条件要上，没有条件创造条件也要上！”“只能上，不能等；只准干，不准拖！”他带领全队把钻机化整为零，采用“人拉肩扛”的办法把钻机和设备从火车上卸下来，运到马家窑附近的萨55井，安装起来。连续苦干三天三夜，王进喜没离开过车站和井场。他把行李放在老乡家后，一次都没去睡过。房东赵大娘看见王进喜这样拼命地干，对工人们说：“你们的王队长可真是个铁人哪！”随后，会战领导小组作出决定，号召全油田职工“学习铁人王进喜，人人做铁人”。

第一口井完钻后，王进喜指挥放井架时，被堆积的钻杆砸伤了脚，当时昏了过去。醒来时一看几个工人正围着他抢救，井架还没放下来，他说：“我又不是泥捏的，哪能碰一下就散了！”说完他站起来继续指挥放下井架、搬家。队友把他送进医院，他又从医院跑出来，回到第二口井场，拄着双拐指挥打井。当钻到约700米时，突然发生井喷，井场没有压井用的重晶石粉。他们用加水泥的办法，提高泥浆比重压住井喷。水泥加进泥浆池就沉底，当时也没有搅拌器，千钧一发之时，王进喜扔掉拐杖，奋不顾身地跳进泥浆池，用身体搅拌泥浆。经过全队工人的奋战，井喷终于被压住了，保住了钻机和油井。

1960年7月28日，会战工委作出《关于开展学习“王、马、段、薛、朱”运动的决定》，王进喜被树为大庆会战的“五面红旗”之一。

摘编自最美奋斗者网

二、践行社会主义核心价值观

2006年10月，党的十六届六中全会第一次明确提出了“建设社会主义核心价值体系”的重大命题和战略任务，明确指出社会主义核心价值观是社会主义核心价值体系的内核。2012年11月，中共十八大报告明确提出“三个倡导”，即“倡导富强、民主、文明、和谐，倡导自由、平等、公正、法治，倡导爱国、敬业、诚信、友善，积极培育社会主义核心价值观”。2017年10月18日，习近平同志在党的十九大报告中指出，要培育和践行社会主义核心价值观。要以培养担当民族复兴大任的时代新人为着眼点，强化教育引导、实践养成、制度保障，发挥社会主义核心价值观对国民教育、精神文明创建、精神文化产品创作生产传播的引领作用，把社会主义核心价值观融入社会发展各方面，转化为人们的情感认同和行为习惯。2018 年 3 月 11 日，第十三届全国人民代表大会第一次会议通过《中华人民共和国宪法修正案》，将“国家提倡爱祖国、爱人民、爱劳动、爱科学、爱社会主义的公德”修改为“国家倡导社会主义核心价值观，提倡爱祖国、爱人民、爱劳动、爱科学、爱社会主义的公德”。

劳动模范不仅是劳动的模范，也是弘扬和践行社会主义核心价值观的模范，他们身上体现的劳模精神生动诠释了社会主义核心价值观。作为各行各业劳动者的优秀代表，劳动模范以自己的实际行动让劳模精神得到了广泛的传播。他们中间有立足自身岗位勤恳工作的优秀工人，有潜心钻研、不断创新的优秀科技工作者，有默默奉献、教书育人的优秀教师，有心系患者、造福社会的优秀医务工作者，有辛勤创业、诚信经营的优秀企业家，有敢于担当、服务群众的优秀公务员，等等。劳模们的工作岗位虽然是平凡的、普通的，但在他们身上集中体现的勇于担当、改革创新、务实重干、甘于奉献的优秀品质，是他们践行社会主义核心价值观的见证。在劳模精神的引领与影响下，越来越多的人开始向劳模看齐、向劳模精神致敬，并且以自己的实际行动践行劳模精神，让劳模精神成为培育社会主义核心价值观的高效孵化器，催生了一批又一批社会主义核心价值观的新苗。

人物故事

许振超：创造世界纪录的金牌工人

许振超，1950 年 1 月出生，山东荣成人，1974 年进青岛港工作。他先后荣获全国五一劳动奖章、全国劳动模范等荣誉称号，2009 年当选“100 位新中国成立以来感动中国人物”，2018 被授予“改革先锋”称号，2019 年获“最美奋斗者”个人称号。

1974 年，许振超初中毕业后到青岛港当了一名码头工人。他操作的是当时最先进的起重机械——门机。许振超勤学苦练，7 天就掌握了门机的操作技巧，成为在一起学习的工人中第一个能独立操作的。然而，会开容易，开好难。师父开门机，钩头起吊平稳，钢丝绳走的是“一条线”。到了许振超手里，钩头稳不住，钢丝绳直打晃。特别是在将矿石装进火车的作业中，一钩货放下，洒在车外的比进车内的还多。看到工人们忙着拿铁锨清理，许振超十分内疚。与此同时，装进火车的矿石多了，工人要费不少劲儿将多装的

扒去；装少了，亏吨，货主不干。为了早日掌握这项技术，每次作业完毕，别人歇了，许振超还留在车上，练习停钩、稳钩。四五个月后，他开的门机钢丝绳走起来也是一条线了，一钩矿石吊起，稳稳落下，不多不少，正好装满一车皮。他的这手“一钩准”的绝活儿，很快就被大家传开了。

2003年4月27日，青岛港新码头灯火通明，许振超和他的工友们在“地中海阿莱西亚”轮上开始向世界装卸纪录的冲刺。20时20分，320米长的巨轮边，8台桥吊一字排开，几乎同时，船上8个集装箱被桥吊轻轻抓起放上拖车，大型拖车载着集装箱在码头上穿梭。安装在桥吊上的大钟，记录了这个激动人心的时刻。4月28日凌晨2时47分，经过6小时27分钟的艰苦奋战，全船3400个集装箱全部装卸完毕。许振超和他的工友们创下了每小时单机效率70.3自然箱和单船效率339自然箱的世界纪录。5个月后，他率领团队又把每小时单船339自然箱这个纪录提高到每小时单船381自然箱。青岛港集装箱“10小时完船保班”这块金字招牌，被这项纪录擦得更加金光闪闪，“振超效率”扬名国际航运界！

电影《金牌工人》是一部表现中国海港工人艰苦奋斗、建设现代化国际大型港口的故事影片。该片以青岛港为创作背景，以许振超为创作原型（剧中人徐振国），艺术地再现了许振超工作、生活中的感人事迹与创造“振超效率”这一世界纪录的生动故事，歌颂了以徐振国为主要代表的琴岛码头工人建设琴岛港口的可歌可泣、无私奉献的感人事迹。

摘编自最美奋斗者网

三、展现工人阶级伟大品格

2013 年 4 月 28 日，习近平总书记同全国劳模代表座谈时发表重要讲话强调，我国工人阶级要牢固树立中国特色社会主义理想信念，发扬我国工人阶级的伟大品格，用先进思想、模范行动影响和带动全社会，坚持以振兴中华为己任，增强历史使命感和责任感，立足本职、胸怀全局，自觉把人生理想、家庭幸福融入国家富强、民族复兴的伟业之中，把个人梦与中国梦紧密联系在一起，始终做坚持中国道路的柱石、弘扬中国精神的楷模、凝聚中国力量的中坚，始终以国家主人翁姿态为坚持和发展中国特色社会主义作出贡献。

劳动模范作为我国工人阶级中一个闪光的群体，是工人阶级伟大品格的人格化，劳模精神是工人阶级伟大品格的具体生动表现。因此，我们要用劳模的崇高理想凝聚劳动群众，始终保持工人阶级信念坚定、立场鲜明的政治本色；用劳模的先进事迹感召劳动群众，牢固树立工人阶级艰苦奋斗、勇于奉献的价值取向以及爱岗敬业、恪尽职守、大公无私、埋头苦干的优良作风；用劳模的高尚情操陶冶劳动群众，不断发扬工人阶级胸怀大局、纪律严明的光荣传统以及增强集体主义观念和团结协作意识；用劳模的进取意识引领劳动者，着力弘扬工人阶级开拓创新、自强不息的时代精神；等等。

随着时代的发展，我国工人阶级伟大品格还将进一步丰富、完善和升华，特别是在建设社会主义现代化强国的新时代，体现工人阶级伟大品格的劳模精神在充分发挥工人阶级的主力军作用和激励广大劳动者的主体作用方面将发挥更加重要的作用。

人物故事

包起帆：五次获得全国劳动模范称号的“抓斗大王”

包起帆，1951 年 2 月出生，曾五次获得全国劳动模范，两次获得全国五一劳动奖章。他先后与同事们共同完成了 130 多项技术创新项目，其中 3 项获得国家发明奖，3 项获得国家科技进步奖，43 项获得省部级科技进步奖，36 项获得巴黎、日内瓦等国际发明展览会金奖等。他于 2009 年被评为“感动中国人物”，2018 年被授予“改革先锋”称号，2019 年获“最美奋斗者”个人称号。

包起帆 1967 年初中毕业，1968 年进港务局的白莲泾码头做装卸工。他曾经目睹 3 名工人兄弟死于木材装卸的事故中，而这 3 个人的年龄加起来还不到 80 岁。工人兄弟间朴素的情感使包起帆立志要靠科学知识把工人兄弟的生命从虎口夺回。那时候，包起帆对抓斗还一窍不通。面对重重困难，他顾不得自己的家庭，顾不得刚

出生的孩子，日夜待在码头上做试验，不上工的时候就去图书馆、情报所查阅资料。

经过将近3年的艰难攻关，包起帆克服了无数困难，终于在码头上设计完成了一套完整的木材抓斗装卸工艺系统。从此以后，工人们再也不需要下船舱用人力去捆扎木材了，因此再也没发生过一起重大伤亡事故，同时装卸效率也提高了2.67倍。

木材抓斗初战告捷后，包起帆又把目光瞄准了“铁老虎”。那时用人力在船上搬生铁、卸废钢，工人常常累得爬不上船舱。由于作业时灰尘很大，人在舱口一露脸，除了两只眼珠是白的，周身一片乌黑。

为了改变这种状况，包起帆又发明了“单索生铁抓斗”“异步启闭废钢块料抓斗”“新型液压抓斗”等。他的这些创新和发明都是紧紧围绕着码头装卸生产第一线的薄弱环节而设计的，哪里不安全、哪里效率低、哪里成本高，他和同事们就在哪里动脑筋、搞创新。这些成果创造性地解决了一批关键技术难题，从而改变了我国港口木材、生铁、废钢等货物装卸工艺的落后状况。他的部分科技成果还实现了产业化，不仅在国内20多个行业的1000多家企业得到广泛推广应用，还批量出口到20多个国家和地区，累计为国家创造了4亿多元的经济效益。

摘编自《中国水运报》，2006年6月25日

第五节
如何践行劳模精神

劳模精神是劳动模范成为榜样人物的精神。学习和践行劳模精神是为了学劳模、做劳模。劳动者通过努力践行劳模精神，也会成为榜样人物。劳模精神应该主要通过学习榜样、认识自己、坚定意志、合作共赢、自信自强等方面加以践行。

一、学习榜样

2019年9月29日，习近平总书记参加中华人民共和国国家勋章和国家荣誉称号颁授仪式并发表重要讲话指出，崇尚英雄才会产生英雄，争做英雄才能英雄辈出。英雄模范们用行动再次证明，伟大出自平凡，平凡造就伟大。只要有坚定的理想信念、不懈的奋斗精神，脚踏实地地把每件平凡的事做好，一切平凡的人都可以获得

不平凡的人生，一切平凡的工作都可以创造不平凡的成就。

除了向全国各行各业包括不同历史时期的劳动模范学习，更要向身边的劳动模范学习。学习榜样是成长和成功的最短路径。俗话讲，听君一席话，胜读十年书。学习榜样不仅是直接聆听劳模故事，更多的是学习他们的劳模精神。这些都可以达到“胜读十年书”的效果。

劳动模范把劳模精神的意义变成鲜活的形象，在具体的实际工作中生动展现了他们的远大理想、优良品格、高尚人格。劳动模范用先进事迹和先进思想，树立起励人心志、催人奋进的光辉榜样。他们用行动证明，只要有坚定的意志，脚踏实地地把每件平凡的事做好，平凡的人就可以拥有不平凡的人生，平凡的工作也可以创造不平凡的成就。劳动模范并非高不可攀，从平凡走向伟大的路就在脚下。自觉见贤思齐，像劳动模范那样爱岗敬业、艰苦奋斗，弘扬其淡泊名利、甘于奉献的精神，每个劳动者都会在追梦征程上为社会进步作出贡献。

二、认识自己

学习劳模的先进事迹和先进思想，表面上看是了解和认识别人，其实是了解和认识自己。任何学习活动都是通过学习前人创造的知识，提升和丰富自己。劳模精神展示的是劳动模范的优秀品质和良好素质。认识自己，就需要对照劳动模范及其精神，深入挖掘自己身上的闪光点和竞争优势，从而提升自己，创造更多的价值。

认识自己，首先要肯定自己的价值。在这个世界上，每个人都是独一无二的，任何人都有存在的意义。所以，不要认为自己是无用的，不要认为自己没有价值。其次，我们要去发现与塑造自己的价值。认识自己的过程是认识自我的天赋、自己的喜好以及社会需要的过程。当自我评估更清晰的时候，就会慢慢知道自己能做什么。在审视自己的时候，最好不要带有太多的个人情感，既不要过分高估自己的能力，也不要过于贬低自己。如果身边的人对你的评价与你自己的判断相差甚远，你就需要认真思考一下原因，从而找到完善自己的方法。

古今思想家都强调过认识自己的重要性。春秋战国时期的老子说过：知人者智，自知者明；古希腊时期的苏格拉底说过：你要认识自己。认识自己是为了不断提升自己。没有一个人生下来就注定优秀，也没有任何人一生注定平庸，所有的路都是我们一步一步走出来的。

古语有云，千里马常有，而伯乐不常有。因此，我们不能总是等着别人来发现我们的闪光点，还必须自己挖掘自己的潜质。了解自己，要认真思考自己想要什么、能做什么、目标是什么。只有充分认识自己，才会真正了解自己，也才能把握自己、改变自己。如果不知道自己的特点，就很容易被欲望牵引，迷失自己，甚至陷入各种困惑之中，做出自相矛盾、匪夷所思的事情来。只有在正确认识自己的基础上客观地看待自己，自觉地接纳自己，不断地提升自己，才能够在完善自我、服务他人和社会的过程中实现人生价值。

三、坚定意志

劳模精神的践行是需要长期乃至用一生来坚持的，这就需要坚定的意志和毅力。劳动模范在平凡岗位上做出不平凡成就，靠的就是坚定的意志。很多劳动模范之所以能够几十年如一日从事一项工作、坚守一个岗位，付出常人难以想象的艰苦努力，是因为他们拥有坚定的意志。意志是一个人自觉确定目标，并根据目标来支配、调节自己的行为，克服困难，最终实现目标的情感品质。坚定意志是坚持目标不放弃的精神状态。一个人的意志只有足够强大，才能经受住各种艰难困苦的挑战。

坚定意志是一个人发展和进步的精神动力。一个具有坚定意志的人，并没有明显的外在特征。但是，一旦遇到困难，意志坚定的人就会从人群中脱颖而出。事实上，往往越是在遇到困难的时候，坚定意志的作用才尤为突出。如果没有坚定的意志，即使头脑聪慧、学识渊博、出身名门，一旦遇到困难就容易逃避，一有挫折就会放弃，这样是无论如何都不会成功的。人与人之间，强者与弱者之间、大人物与小人物之间最大的差异，往往就在于意志力的大小，即压倒一切的决心。“有志者事竟成”，坚定的意志是决定人生成败的一大关键因素。

一个人拥有坚定的意志力就意味着，他能够发挥出巨大的能量实现自己的目标。意志力不仅是人的一种动态的思想力量，还是一种与人的目标紧密相关的力量。只要人们抱着积极的心态去开发其潜能，就会有用不完的能量，人的能力也会越变越强。相反，如果人们抱着消极的心态，不去开发潜能，就会越来越消极、越来越无能。潜能是人类最大的宝藏。无数事实和研究成果告诉我们，每个人身上都蕴藏有巨大的潜能，只是还没有被开发出来，这就需要我们拥有坚定的意志。

四、合作共赢

劳模精神的践行还需要有合作共赢的思想。劳动模范之所以能成为劳动模范，不仅在于他们的劳动业绩超越了很多劳动群众，更在于他们有较高的综合素质，善于团结、帮助和成就其他劳动群众。他们深谙成就别人就是成就自己的道理。

在越来越讲求合作共赢的当今社会，人与人之间是一种互帮互助的关系。一个人只有先去善待别人、善意帮助别人，才能处理好人与人之间的关系，从而使自己所做的事情获得成功。一般情况下，不论在生活中还是工作中，对别人友好的人，通常都会获得好人缘，获得更多的帮助。

当今时代，一个人的力量不在于他能举起多重的石头，而在于他能够获得多少人的帮助。要想有所成就，就必须懂得如何与他人合作，以便借助团队的智慧、利用众人的力量取得非凡的成就。人们在一起可以做出单独一个人所不能做出的事情，智慧、双手、力量结合在一起几乎是万能的。

合作共赢是一种思想、一种目标，也是一种方法、一个过程，同时更是一种智慧、一种境界。“和则两利，斗则两伤”指的就是合作共赢的意义。要做到合作共赢，合作各方就要有真诚合作的精神和勇气，在合作中不耍小聪明，不要总想着占别人的便宜，要遵守合作规则。合作最为关键的因素是要求人们要有一颗包容他人的心，产生与他人合作共赢与共同发展的意愿，并能充分发挥自己的潜能，将事情做得尽善尽美。

五、自信自强

劳模精神的践行还需要自信自强的心志支撑。劳动模范既离我们很远，又离我们很近。有的人可能一生都没有与全国劳模近距离接触的机会，感觉劳模像是一个“神话”。但是，各类劳动模范都是从普通劳动群众中产生的。他们中的很多人在成为劳动模范之前，也是在非常普通的岗位上从事着平凡的工作。正是因为他们在工作中做出了不普通的成就、有了不平凡的表现，才从千千万万的劳动群众中脱颖而出，成为我们学习的榜样。从一定意义上讲，他们的成功和成就是建立在他们自信自强的基础之上的。

我们践行劳模精神、学习劳动模范，就应该自信自强，在自己的平凡岗位中做出不平凡的成就，成就自己不平凡的人生。自信自强既是成就劳动模范的关键，也是我们每个人都应该具备的基本品质。自信自强能够唤醒人们沉睡的潜能，是人生不断求索和创造发展的动力。自信自强能使人产生奋斗的力量和拼搏的毅力，给人取之不尽、用之不竭的才干，使人们有勇气面对艰苦的人生。

自信自强是一种力量。对于自信自强的人而言，没有什么是不可能的。人要自信自强，就需要有坚定的信念，要经得起失败的考验。自信自强也是一种可以逐渐培养的心态，只要从小事做起，逐渐培养，这种优良的心态将会伴随人的一生。自信自强会使人产生强大的意志力，从而战胜各种弱点，坚定地向着目标前进，并取得最终的胜利。

无数劳动模范的成功事实启发我们，事业成功固然会受到各种因素的影响，但自信自强是其中必不可少的条件。成功者之所以成功，不是因为他没有受过消极因素的干扰，而在于他们能够用自信自强的心态摆脱消极因素的干扰。因此，成功永远属于自信自强的人。

第三章

劳动精神篇

我们要在全社会大力弘扬劳动光荣、知识崇高、人才宝贵、创造伟大的时代新风，促使全体社会成员弘扬劳动精神，推动全社会热爱劳动、投身劳动、爱岗敬业，为改革开放和社会主义现代化建设贡献智慧和力量。

——2014 年 4 月 30 日，习近平总书记在乌鲁木齐接见劳动模范和先进工作者、先进人物代表座谈时的讲话

第一节

马克思主义的劳动观

2020 年 3 月 20 日，中共中央、国务院发布的《关于全面加强新时代大中小学劳动教育的意见》在劳动教育总体目标中指出，通过劳动教育，使学生能够理解和形成马克思主义劳动观。马克思主义劳动观第一次全面阐述了劳动在人类社会发展史上的决定性作用，由此揭示了人类社会发展的一般规律。

一、马克思主义劳动观的产生

马克思主义劳动观主要是在马克思、恩格斯关于劳动的思想和观点基础上形成和产生的。其中，马克思劳动思想和观点的形成主要经历了三个阶段：第一个阶段是 1844 年 8 月之前，代表作是《1844 年经济学哲学手稿》（以下简称《手稿》）；第二个阶段是 1844 年 8 月至 1848 年《共产党宣言》发表之前，代表作有《神圣家族》《德意志意识形态》《雇佣劳动与资本》；第三个阶段是 1848 年《共产党宣言》发表之后，代表作是《政治经济学批判》手稿和《资本论》及其手稿。

《1844年经济学哲学手稿》是马克思在1844年4月至8月记载在三个笔记本上的研究手稿。在这一手稿中，马克思首次揭示了劳动对于人类存在和社会历史的决定性作用，并据此阐明了唯物史观的一些基本观点，同时提出“世界历史其实就是一部人类劳动史”的观点，用“劳动”这把钥匙解开了“历史之谜”。

马克思和恩格斯在1844年9月至11月合作完成的《神圣家族》，阐释了劳动在社会历史中的决定作用。《德意志意识形态》是马克思、恩格斯在1845年秋至1846年5月合作完成的又一部著作。这部著作是唯物史观创立过程中具有里程碑意义的标志性成果。他们再次强调，劳动是一切人类生存的前提，是人类的第一个历史活动和一切历史的基本条件。《雇佣劳动与资本》是马克思根据他1847年12月在布鲁塞尔德意志工人协会发表的演说而写成的一部重要的政治经济学论著。在这本著作中，马克思提出，雇佣劳动和资本互为前提、相互依存。代表马克思一生最高成就的、具有划时代意义的鸿篇巨制《资本论》，包括了马克思更加丰富的劳动思想。马克思以劳动为基础，提出了剩余价值理论。这是继唯物史观之后，马克思的第二个伟大发现。

恩格斯作为马克思志同道合的亲密战友，对马克思主义劳动观的形成也作出了巨大贡献。恩格斯早年对劳动问题的创造性研究成果集中体现在他1844年2月发表于《德法年鉴》上的《国民经济学批判大纲》这部政治经济学论著中。马克思称赞这部著作为批判经济学范畴的天才大纲。在这部著作中，恩格斯提出了劳动的本质是生产的要素和财富的源泉，揭示了劳动是人与动物的本质区别。他在 1876 年 5 月至 6 月撰写的《劳动在从猿到人的转变中的作用》一文中强调，劳动不仅创造了人，还推动着人类文明的进步。

延伸阅读

马克思与恩格斯：伟大友谊的典范

马克思与恩格斯是马克思主义理论的奠基人。由于马克思对共产主义事业的贡献和对地主、资产阶级的无情揭露与批判，使得一切保守势力排挤他、驱逐他。他不得不拖家带口四处转移，其生活困难有时达到难以想象的地步。恩格斯把马克思的生活困难看作自己的困难，省吃俭用，把节省下来的钱不断地寄给马克思。1863 年初，马克思一家到了一贫如洗的地步。他打算让大女儿和二女儿停学，找个地方做工去，自己和燕妮、小女儿搬到贫民窟去住。恩格斯得知这个消息后，连忙打电报劝说马克思别这么做，并又迅速筹集一笔钱汇给了马克思，使马克思一家暂时渡过了难关。马克思在给恩格斯的信中写道："亲爱的恩格斯，你寄来的 100 英镑我收到了。我简直没法表达我们全家人对你的感激之情。"

碰到恩格斯需要帮助的时候，马克思同样竭尽全力、毫不犹豫。1848 年 11 月，恩格斯逃亡到瑞士，因为走时匆忙，身上没带多少钱。马克思知道了，连忙从病床上挣扎起来，到银行将自己仅有的钱取出，全部寄给了恩格斯。

1883年，马克思逝世。这使恩格斯悲痛万分。朋友们劝恩格斯去旅行，散散心。但他想到马克思生前用毕生精力写作的《资本论》还没完成，就谢绝了朋友们的劝说，并放下自己的研究工作，着手整理和出版《资本论》的最后两卷。他夜以继日地抄写、整理、补充、编排，几次累得生病，花了整整11年时间，才完成了这部伟大的著作。恩格斯说："这是我喜欢的劳动，因为这时我又和我的老朋友在一起了。"

马克思和恩格斯合作了40年，共同创造了伟大的马克思主义。这40年里，在向着共同目标奋斗的过程中，他们建立了伟大的友谊。

正如列宁所说："古老的传说中有各种各样十分动人的友情故事，后来的欧洲无产阶级可以说，它的科学是由两位学者和战友创造的。他们的关系超过了古人关于友谊的一切最动人的传说。"

摘编自《经济日报》微信公众号，2018年4月28日

二、马克思主义劳动观的发展

列宁是马克思主义劳动观的积极继承者和发展者。在唯物史观方面，列宁坚定地认为，劳动决定和制约着整个的社会、政治和精神生活的状态，并在领导社会主义革命和建设过程中，始终坚持从劳动及劳动主体的角度，研究人类社会的历史发展问题。

列宁指出，封建主义的社会劳动组织靠棍棒纪律维持，资本主

义的社会劳动组织靠饥饿纪律维持，社会主义和共产主义的社会劳动组织靠劳动群众本身的、自由的、自觉的纪律维持。1919 年 5 月，莫斯科喀山铁路工人发起星期六义务劳动时，列宁给予高度关注和高度赞扬，称星期六义务劳动是伟大的创举，是共产主义的实际开端、现实当中活生生的共产主义，等等。

列宁之所以给予星期六义务劳动如此高的评价，首先，星期六义务劳动体现了为自己劳动的社会主义劳动原则。社会主义革命的胜利，使劳动者第一次真正开始为自己工作。用为自己的劳动取代被迫劳动，是人类历史上最伟大的更替。劳动者第一次感觉到自己是人、是为自己劳动。其次，星期六义务劳动体现了劳动的主动性和创造性，是劳动群众自觉自愿联合起来为社会、为国家、为新生的苏维埃政权而开展的劳动。再次，星期六义务劳动是无酬劳动，是为公共利益和健康的身体需要而自觉进行的不要报酬、不讲报酬条件的劳动，所以被列宁称为“共产主义劳动”。最后，星期六义务劳动体现了共产主义性质的劳动发展趋势。私有制度下的非自愿劳动使劳动成为令人厌恶的事情，在无产阶级革命取得胜利后，要根本改变劳动者对劳动的认识，进而恢复劳动的自愿、自觉、自由，是一项困难而长期的工作。列宁认为，这就需要从一点一滴做起。星期六义务劳动就是新事物的幼芽，是社会主义新社会的一个细胞。

延伸阅读

星期六义务劳动：共产主义的开始

星期六义务劳动是指苏联的工人阶级为反对外国武装干涉、保证国内战争的胜利，积极响应号召，在每周末进行自觉的义务劳动。这一群众性运动从1919年5月起在全国展开。

1919年4月12日星期六，莫斯科喀山铁路分局的15名工人在下班后“义务加班”，抢修了3台损坏的机车。随后，该铁路局职工响应苏联共产党号召，为支援前线、保卫苏维埃政权，在星期六从事义务劳动。这一活动很快得到全国工人响应。

起初，有些人认为共产主义星期六义务劳动的意义不大，但是，列宁热烈赞扬这一举动。列宁曾在讲演和文章中多次提到它的重大意义。列宁说：“普通工人一起来克服极大的困难，奋不顾身地设法提高劳动生产率，设法保护每一普特粮食、煤、铁及其他产品，这些产品不归劳动者本人及其‘近亲’所有，而归他们的‘远亲’即归全社会所有，归起初联合为一个社会主义国家然后联合为苏维埃共和国联盟的千百万人所有——这也就是共产主义的开始。”

在红军的歼击下，高尔察克等白匪败北，但也随之带来了燃料恐慌的严重威胁。1919年11月，苏联共产党（布尔什维克）中央委员会在给各级党组织的指示信中强调：“应当更经常地、更积极地、更有系统地、更有组织地进行星期六义务劳动，首先是利用这种劳动来解决燃料问题。”

1920 年 5 月 1 日星期六，苏联星期六义务劳动举行，时任领导人列宁参加了克里姆林宫区域内的清扫工作。之后，这一活动在全国各地展开，成为社会主义劳动竞赛的开端，一直持续到苏联解体前。2014 年，为激发民众的爱国主义精神，俄罗斯决定恢复这一传统：每年春季开展星期六义务劳动。

2019 年是苏联时期创立的“星期六义务劳动”100 周年，为纪念传统，2019 年 4 月 20 日，俄罗斯各地开展了义务劳动。有数百万俄居民来到街道、公园和广场打扫卫生。人们清扫垃圾和枯枝败叶、种植花草树木、帮助修理损坏设施，忙得热火朝天。

摘编自百度百科《共产主义星期六义务劳动》

三、马克思主义劳动观的丰富

毛泽东在《论人民民主专政》中指出，十月革命一声炮响，给中国送来了马克思列宁主义。中国共产党在马克思列宁主义的指导下，取得了革命、建设和改革的伟大胜利。其中，马克思主义劳动观成为中国共产党劳动观的重要内容，中国共产党的劳动观也是马克思主义中国化的表现。中国共产主义的伟大先驱李大钊早在 1919 年发表的《现代青年活动的方向》一文中，就论述了劳动对于人生的意义。

1939 年初，针对抗日敌后根据地严峻的经济困难和根据地人民为革命战争承担的沉重经济负担，毛泽东发出了“自己动手、丰衣足食”的伟大号召，要求部队在作战之余开展大生产运动。以后又进一步要求军队一边打仗、一边生产。新中国刚成立时，他多次强调，军队的打仗和生产是内在一致的。毛泽东特别总结了军队参加劳动的作用，即可以改善军队生活，减轻人民负担，改善军民关系、官兵关系和军政关系等。进入社会主义建设时期后，在毛泽东的一再推动下，各级党政干部每年抽出一部分时间来参加体力劳动作为一项制度正式被确立下来。

邓小平的劳动思想主要体现在两个方面，一是从劳动的视角重新解读社会主义的本质，二是以“科学技术是第一生产力”的伟大论断推动劳动的历史性变革。邓小平提出，社会主义的本质是解放生产力、发展生产力。不同于毛泽东的是，邓小平恢复了马克思主义唯物史观有关生产力决定生产关系的意义，突出了解放和发展生产力在社会主义本质中的前提条件性和基础性地位。

随着我国改革开放的深入，人们对劳动的认识呈现出不同的倾向，形成了不同的劳动观念。江泽民在党的十六大报告中提出尊重劳动、尊重知识、尊重人才、尊重创造的重大方针，并特别强调，不论是体力劳动还是脑力劳动，不论是简单劳动还是复杂劳动，一切为我国社会主义建设作出贡献的劳动，都是光荣的，都应该得到承认和尊重。在 2008 年举办的“经济全球化与工会”国际论坛上，胡锦涛强调了“体面劳动”的重要性。

延伸阅读

大生产运动的口号：自己动手，丰衣足食

1939 年 2 月，毛泽东在延安生产动员大会上针对根据地日益严重的经济困难局面，提出了“自己动手”的口号。随后，各根据地逐步开展大生产运动。“自己动手，丰衣足食”的口号作为各根据地克服经济困难、实现生产自给的努力目标。在新中国成立后，当全国或某个地区出现经济困难的时候，此口号一直是党和政府鼓励人民生产自救的行动号令。

按照党中央的号召，八路军第 359 旅 1941 年春开赴位于延安南面的南泥湾等地区，在杂草丛生、荒无人烟的地方实行军队屯垦。第 359 旅广大指战员经过 3 年的艰苦奋斗，在荒山上开辟了 12 万多亩土地，把南泥湾变成了到处是庄稼、遍地是牛羊的“陕北江南”。第 359 旅成为大生产运动的一面旗帜。通过大生产运动，各解放区军民基本上解决了吃饭问题，达到了自己动手、丰衣足食的目的，从而战胜了严重的困难局面，打破了国民党顽固派的经济封锁，为坚持抗战和争取抗战最后胜利奠定了物质基础。

1943 年，八路军总政治部电影团拍摄电影纪录片《生产、战斗结合起来》，后改名为《南泥湾》。在电影即将拍完时，当时任摄影队长的吴印咸到延安中共中央所在地枣园，请求毛主席为电影题词，毛主席欣然同意。他在两张白色的凸版纸上分别题写了“自己动手”“丰衣足食”八个大字，并签上自己的名字。1959 年，中国

人民革命军事博物馆筹建时，吴印咸将收藏了16年的两幅毛泽东题词捐献了出来。这两幅题词现陈列在抗日战争馆里。

摘编自百度百科《自己动手，丰衣足食》

四、新时代的劳动观

党的十八大以来，习近平总书记多次发表关于劳动主题的系列重要讲话，形成了新时代的马克思主义劳动观。

1．树立劳动最光荣、劳动最崇高、劳动最伟大、劳动最美丽的观念

2013年4月28日，习近平总书记同全国劳动模范代表座谈时第一次提出劳动最光荣、劳动最崇高、劳动最伟大、劳动最美丽的思想。他强调，劳动创造了中华民族，造就了中华民族的辉煌历史，也必将创造出中华民族的光明未来。“一勤天下无难事。”必须牢固树立劳动最光荣、劳动最崇高、劳动最伟大、劳动最美丽的观念，让全体人民进一步焕发劳动热情、释放创造潜能，通过劳动创造更加美好的生活。

2．弘扬劳动精神

2014年4月30日，习近平在乌鲁木齐接见劳动模范和先进工作者、先进人物代表时第一次提出弘扬劳动精神的要求。他强调，我们要在全社会大力弘扬劳动光荣、知识崇高、人才宝贵、创造伟

大的时代新风，促使全体社会成员弘扬劳动精神……劳动模范和先进工作者、先进人物不仅自己要做好工作，而且要身体力行向全社会传播劳动精神和劳动观念……广大党员、干部要带头弘扬劳动精神，增强同劳动人民的感情，带头在各自岗位上勤奋工作、踏实劳动。

3．树立辛勤劳动、诚实劳动、创造性劳动的理念

2015 年 4 月 28 日，习近平在庆祝“五一”国际劳动节暨表彰全国劳动模范和先进工作者大会上明确提出树立辛勤劳动、诚实劳动、创造性劳动的理念。他指出，我们一定要在全社会大力弘扬劳模精神、劳动精神，大力宣传劳动模范和其他典型的先进事迹，引导广大人民群众树立辛勤劳动、诚实劳动、创造性劳动的理念，让劳动光荣、创造伟大成为铿锵的时代强音。

4. 树立美好生活靠劳动创造的思想

2016 年 4 月 26 日，习近平在知识分子、劳动模范、青年代表座谈会的讲话中特别强调了美好生活靠劳动创造的思想。他指出“人生在勤，勤则不匮”，幸福不会从天降，美好生活靠劳动创造。全面建成小康社会的奋斗目标，为广大劳动群众指明了光明的未来；全面建成小康社会的历史任务，为广大劳动群众赋予了光荣的使命；全面建成小康社会的伟大征程，为广大劳动群众提供了宝贵的机遇。

第二节

劳动精神的含义与特点

劳动精神体现了劳动的价值和意义，更展现了劳动者的基本素质和精神面貌。劳动精神作为一个文化范畴，应该更多地从劳动本身的文化内涵角度去理解和把握。

一、劳动的基本属性

劳动是人类生存的前提，也是人类社会产生和发展的基础，离开劳动，人类社会就不可能产生，更不可能发展。劳动是和人类社会相伴相生的，劳动的发展和人类社会的发展都是历史的过程。劳动具有以下属性：

1．源泉性

劳动的源泉性是指劳动是创造财富的主要源泉。人类劳动的最大特征是制造和使用生产工具改造自然，生产和制造人类所需要的社会财富。劳动不是财富的唯一源泉，但有了良好的自然条件，而不去劳动，它也不会转化为社会财富。

2. 目的性

劳动的目的性是指人类劳动是受意识支配的有计划、有目的的自觉的活动。人们在劳动之前就已有了劳动结果的表象，如盖大楼，在没有施工之前就有了大楼的样式、规模、构造。

3．社会性

劳动的社会性是指人的劳动不是孤立的、个别人的行为，而是一种共同的社会性行为。它是在一定社会历史条件下，在一定的社会生产关系中靠群体进行的社会性活动。

4．素质性

劳动的素质性是指劳动的能量和质量是通过劳动成果表现出来的。劳动产品质量的优劣性是衡量劳动活动的综合指标，它最终取决于劳动者的素质。

劳动可以分为两种基本的形态，即脑力劳动和体力劳动。脑力劳动是在无形的、抽象的，是在他人看不见的状态中用头脑和知识进行的；体力劳动是有形的，是在他人看得见的状态中用体力进行的。因为这两种不同性质的劳动而有了两种不同性质的劳动者，一种是从事脑力劳动的劳动者，如知识分子；另一种是从事体力劳动的劳动者，如工人、农民。体力劳动者并非不用头脑和知识，而是因为体力劳动者用头脑和知识的目的在于出力，技艺是它的最高形式；脑力劳动者本身并非不用体力，而是因为脑力劳动者用体力的目的在于获取和运用知识。

二、劳动的文化内涵

劳动创造了人类社会，包括文化。即使是最原始、最粗陋的劳动，因为具有最低限度的自觉性、能动性、精神性和创造性，也必然包括文化的成分。所有的文化最初无不孕育于劳动之中。原始的劳动号子、劳动前后的祭祀仪式孕育了后来的诗歌、音乐、舞蹈、绘画等艺术形式；对灵魂和世界终极原因的追问孕育了后来的哲学，所以劳动是文化产生的源头。

劳动提供了文化形成的物质基础和精神基础。有了劳动者特别是体力劳动者年复一年、日复一日的劳动，少数人才可能专门从事文化创造的工作。只有全社会的劳动满足了人的基本需要之后，知识分子才可能成为一个独立的劳动者群体。也就是说，人类的体力劳动有了物质产品的剩余之后，才会有专门的脑力劳动者出现。另外，人们在劳动过程中初步了解了自然界的性质和规律，掌握了人自身和人类社会的发展规律，积累了大量的感性认识、经验和技能，才为文化的产生和发展奠定了精神基础。

劳动本身也充满着文化的丰富内涵。也就是说，劳动包含着文化的要素，因为任何劳动都必然体现劳动者的劳动思维、劳动技能、劳动责任感、劳动价值观、劳动态度、劳动习惯、劳动追求、劳动理念以及劳动精神等重要内容。党和国家大力推动的劳动教育，就是培养学生关于劳动的文化综合素养，通过劳动激发学生的劳动思维，提高他们克服劳动中各种困难的信心，帮助他们解决劳动中遇到的问题，从而让他们掌握各种劳动技能，培育他们对他人、家庭、社会、国家的责任感，等等。

延伸阅读

劳动号子的由来

劳动号子是直接伴随体力劳动，并和劳动节奏密切配合的民间歌曲。它产生于劳动过程中，直接为生产劳动服务，真实地反映劳动状况和劳动者的精神面貌。其音乐形式粗犷豪迈、坚实有力，是某些体力劳动中不可缺少的有机组成部分。在劳动过程中，尤其是集体协作性较强的劳动中，

为了统一步伐、调节呼吸、释放身体负担的压力，劳动者常常发出吆喝或呼号。这些吆喝声、呼号声逐渐被劳动人民美化，发展为歌曲。劳动号子作为民歌的一个主要体裁，早在原始时代人们开始从事集体劳动时就已产生，直到现代社会随着机器取代集体劳动才逐渐消失。劳动号子主要有以下几类：

1. 搬运号子

搬运号子是在以人力直接负担重物的运输劳动中使用的，例如装卸、扛抬、挑担、推车等。特别是在集体性的运输劳动中，统一步伐、调节呼吸、振奋情绪，直接与劳动的安全和效率相关联。这些号子没有固定的唱词，全由领唱人，也就是集体劳动的指挥者即

兴创作。一人领唱，众人应和，有时领唱者与应和者的声音相交迭，形成多声部的歌唱形式。

2. 工程号子

工程号子是在打夯、打硪、伐木、采石等劳动中使用的。劳动的强度和速度决定了工程号子的歌唱性和节奏。当劳动强度较小时，号子的曲调潇洒而豪爽；当劳动强度较大时，号子的曲调就显得粗犷而沉重。在强度大而节奏紧张的劳动中，号子音乐的节奏快而有力，旋律简单，有时甚至是单纯的呼号。

3. 农事号子

农事号子是在农业劳动中的歌唱，如出现在打麦、舂米、薅草等劳动中。相对来说，农事号子所伴随的劳动强度不那么大，因此，农事号子的节奏感往往不那么沉重，旋律较优美，歌词内容也更丰富多样。

4. 船渔号子

船渔号子是在水运、打鱼、摇橹、船务等劳动中使用的。由于船上的劳动种类多样，水路和气候情况多变，因此许多地区往往都形成了适应不同情况的、成系列的船渔号子。

5. 水上号子

水上号子不像陆地号子那样安全，也有一定的惊险，特别是遇到水急浪高时，得拼命搏斗。所以，水上号子有风平浪静的悠闲，也有紧张激烈的拼搏。

6. 陆地号子

陆地号子根据劳动的多样性种类较多，有犁田时的吆牛号子，有扛树号子、筑墙号子，有农村的拉车号子、开山打石号子，还有闽侯的打夯号子、永泰的拉木号子等。

摘编自百度百科《劳动号子》

三、劳动精神的含义

纵观世界文明史，人类的所有进步和发明创造都是劳动带来的。而创造一切文明奇迹的根源，就在于人类身上体现出的劳动精神。劳动精神是每一位劳动者为创造美好生活而在劳动过程中秉持的劳动态度、劳动观念、劳动习惯及展现出的劳动精神风貌。

1．劳动精神成就劳动者

劳动者创造劳动精神，劳动精神成就劳动者。这就表明，劳动精神与劳动者是内在一致的。我们既需要从劳动者的角度理解劳动精神，更需要从劳动精神的角度去理解劳动者。当前，我们全面推动劳动教育，大力弘扬劳动精神，一方面展现了党和国家对广大劳动者的高度重视，另一方面也体现了劳动精神对于培育社会主义建设者和接班人的重大意义。

2．劳动精神创造美好生活

任何劳动都有一定的指向性，任何劳动者都会怀揣对美好生活的向往，这些都需要劳动精神的支撑和指引。俗话讲，天上不会掉馅饼，世上没有免费的午餐。人类所有的美好生活都是通过劳动获得的。这就要求我们不仅要仰望星空，更要脚踏实地。仰望星空体现的就是对美好生活的向往和追求，但是最终决定这一向往和追求能否实现的关键，就是脚踏实地的劳动精神。

3．劳动精神体现劳动态度

劳动精神首先表现为劳动态度。态度决定高度，劳动态度决定劳动的质量。所以，我们学习和践行劳动精神，就需要端正劳动态度。劳动态度左右着我们的劳动思维和判断，控制着我们的劳动情感与劳动实践。有什么样的劳动态度，就会有什么样的劳动成果。

4．劳动精神展现劳动观念

劳动精神的核心是劳动观念，也就是劳动者对劳动的认识和看法。随着社会的发展、科技的进步以及生活水平的提高，资本、知识、技术、信息在生产、生活中的力量不断凸显，人们的劳动观念发生了很大变化。有些人对劳动的理解出现偏差，好逸恶劳、渴望不劳而获、盲目消费、拜金主义等社会现象层出不穷。这就需要用马克思主义劳动观特别是新时代劳动观，引导广大劳动者尤其是青少年树立正确的劳动观念。

5．劳动精神彰显劳动习惯

弘扬劳动精神的目的就是养成热爱劳动、尊重劳动、崇尚劳动、践行劳动的好习惯，每一位劳动者都应该养成良好的劳动习惯。青少年时期是劳动习惯养成的关键阶段，学校、家庭、社会等要密切配合，合理分工，根据不同学习阶段的特点，采取有效的劳动教育手段，激发青少年自觉参与劳动实践，循序渐进引导青少年养成热爱劳动、尊重劳动、崇尚劳动、践行劳动的好习惯。

延伸阅读

“五一”国际劳动节：全世界劳动人民的节日

1886 年 5 月 1 日，以美国芝加哥为中心，在美国举行了约 35 万人参加的大规模罢工和示威游行，示威者要求改善劳动条件，实行八小时工作制。1886 年 5 月 3 日，芝加哥政府出动警察进行镇压，开枪打死两人，事态扩大。5 月 4 日，罢工工人在干草市场广场举行抗议。由于不明身份者向警察投掷炸弹，引发警察开枪，先后共有 4 位工人、7 位警察死亡，史称“干草市场暴乱”或“干草市场屠杀”。在随后的宣判中，有 8 位无政府主义者以谋杀罪被起诉，4 位无政府主义者被绞死，1 位在牢中自杀。

为纪念这次伟大的工人运动及抗议随后的宣判，在世界范围内举行了工人的抗议活动。这些活动成为“国际劳动节”的前身。1889 年 7 月，由恩格斯组织召开的第二国际成立大会宣布，将每年的 5 月 1 日定为国际劳动节。1889 年 7 月 14 日，由各国马克思主义者召集的社会主义者代表大会在法国巴黎隆重开幕。大会上，与会代表一致同意：把 5 月 1 日定为国际无产阶级的共同节日。这一决定立即得到世界各国工人的积极响应。1890 年 5 月 1 日，欧美各国的工人阶级率先走向街头，举行盛大的示威游行与集会，争取合法权益。从此，每逢这一天，世界各国的劳动人民都要集会、游行，以示庆祝。

1920 年 5 月 1 日，北京、上海、广州、九江、唐山等各工业城市的工人群众浩浩荡荡地走向街市、举行了声势浩大的游行、集会。李大钊专门在《新青年》上发表了《“五一”运动史》，介绍“五一”国际劳动节的来历和美、法等国工人纪念“五一”的活动，号召中国工人把这年的“五一”作为觉醒的日期。在上海，陈独秀指导 5000 多名工人召开了由中华全国工界协进会等 7 个团体联合筹备的世界劳动纪念大会，并当选筹备大会顾问。在北京，李大钊领导了以北京大学为中心的纪念活动。北京大学学生在这一天罢课，《北京大学学生周刊》出版了“劳动纪念号”，学校召开了 500 多名校工和学生参加的纪念大会，李大钊到会讲话。邓中夏到北京长辛店，向铁路工人散发《五月一日北京劳工宣言》并发表讲演。这是中国首次纪念“五一”国际劳动节的活动，也是中国历史上的第一个“五一”劳动节。中国中央人民政府政务院于 1949 年 12 月作出决定，将 5 月 1 日确定为劳动节。

摘编自百度百科《“五一”国际劳动节》

四、劳动精神的特点

作为体现劳动价值和劳动追求的精神，劳动精神就是人之为人的精神。我们理解劳动精神的特点，需要深入把握劳动精神的社会性、实践性、历史性、人民性、教育性等特点。其中，社会性是前提，实践性是基础，历史性是保障，人民性是立场，教育性是目标。

1．社会性

马克思在《哥达纲领批判》中指出，劳动只有作为社会的劳动，只有在社会中才能成为财富和文化的源泉。劳动精神作为一种社会文化现象，代表的是一种先进的文化理念。劳动精神不仅产生于人类社会产生和发展的过程中，而且对于人类社会的发展和进步也起到了重要的引领作用。

2．实践性

劳动精神的实践性指的是劳动精神是在劳动实践中产生的。劳动本身就是一种实践，劳动精神不能离开劳动实践而凭空存在。劳动是人类特有的基本的社会实践活动，是人通过有目的的活动改造自然对象并在这一活动中改造人自身的过程。全部的人类历史是由人们的实践活动构成的。

3．历史性

劳动精神的历史性指的是劳动精神既是创造历史的动力，也是劳动历史的产物。人类在劳动中不断总结经验，凝聚智慧，制造劳动工具，改进生产技术。劳动创造了人类和历史，人类和历史也留下了劳动文明和劳动精神。

4. 人民性

劳动精神的人民性体现的是马克思主义劳动观的立场，展现的是社会主义、共产主义社会的价值追求。马克思主义劳动观坚持人民群众是社会物质财富和精神财富的创造者，是社会进步的决定力量。2020 年 3 月 24 日，习近平总书记同波兰总统杜达通电话时强调：战胜这次疫情，给我们力量和信心的是中国人民。

5. 教育性

劳模精神的教育性是指劳动精神既是劳动教育的重要内容，也是发挥劳动自身教育功能的具体表现。进行劳动精神教育，就是要大力宣传辛勤劳动、诚实劳动、创造性劳动的典型人物和事迹，弘扬劳动光荣、创造伟大的主旋律，反对一切不劳而获、贪图享乐的错误观念，营造全社会弘扬和践行劳动精神的良好氛围。

延伸阅读

啃老族：新失业群体

啃老族，也叫吃老族或傍老族。啃老族年龄一般在 23 ~ 30 岁，是虽有谋生能力却仍未“断奶”，得靠父母供养的年轻人。他们并非找不到工作，而是主动放弃了就业的机会，赋闲在家，不仅衣食住行全靠父母，而且花销往往不菲。社会学家称之为“新失业群体”。

据媒体调查，啃老族主要有六类人：一是大学毕业生，因就业挑剔而找不到满意的工作，约占 20 %；二是以工作太累、太紧张、不适应为由，自动离岗离职在家待着的，约占 10 %；三是“创业幻想型”青年，他们有强烈的创业愿望，却没有目标，缺乏真才实学，总是不成功，而又不愿“寄人篱下”当个打工者，约占 20 %；四是频繁跳槽，最后找不到工作，靠父母养活的，约占 10 %；五是下岗的年轻人，他们习惯将过去轻松的工作与如今紧张繁忙的工作相比，越比越不如意，干脆就离职，约占 10 %；六是因文化水平低、技能差，又不愿吃苦的，约占 30 %。

大多数啃老族是因为从小依赖父母，失去了在生活中和社会上独立自理的能力，养成了懒惰和只接受别人劳动果实的习惯，因而长大了还只会在父母的羽翼下生活。有专家指出，在当前就业压力日增、独生子女群体壮大的前提下，啃老族有扩大的迹象。当中国进入老年社会的时候，啃老族必将带来更多的社会问题。“襁褓青年”的独立，除了依靠正确的人生观、价值观，社会也应为其创造适合的工作机会。与其让父母养活啃老族，不如给他们工作岗位，让他们成为有能力养活父母的“养老族”。

摘编自百度百科《啃老族》

第三节
劳动精神的主要内容

2020 年 11 月 24 日，习近平总书记在全国劳动模范和先进工作者表彰大会上的重要讲话中，第一次正式概括了劳动精神的主要内容，即崇尚劳动、热爱劳动、辛勤劳动、诚实劳动。崇尚劳动就是要让每一位劳动者认识到劳动的重大价值，树立劳动最光荣的理念。热爱劳动就是让每一位劳动者热爱自己的岗位和工作，营造热爱劳动的社会风气，培育青少年热爱劳动的习惯和素养。辛勤劳动就是勤奋地劳动，从中磨炼劳动意志和劳动毅力。诚实劳动可以概括为诚实做事、诚实做人。

一、崇尚劳动

劳动精神是习近平总书记 2014 年 4 月 30 日在乌鲁木齐接见劳动模范和先进工作者、先进人物代表发表重要讲话时提出的。他强调，我们要在全社会大力弘扬劳动光荣、知识崇高、人才宝贵、创造伟大的时代新风，促使全体社会成员弘扬劳动精神，推动全社会热爱劳动、投身劳动、爱岗敬业，为改革开放和社会主义现代化建设贡献智慧和力量。崇尚劳动就是要牢固树立劳动最光荣、劳动最崇高、劳动最伟大、劳动最美丽的观念。这就需要我们深刻领会习近平总书记关于劳动的系列重要讲话精神，认识到劳动的重大价值。

习近平总书记指出，劳动开创未来，劳动是推动人类社会进步的根本力量，劳动是财富的源泉，也是幸福的源泉。劳动创造了中华民族，造就了中华民族的辉煌历史，也必将创造出中华民族的光明未来。劳动是共产党人保持政治本色的重要途径，是共产党人保持政治肌体健康的重要手段，也是共产党人发扬优良作风、自觉抵制“四风”的重要保障。劳动是一切成功的必经之路。人类是劳动创造的，社会是劳动创造的。劳动没有高低贵贱之分，任何一份职业都很光荣，等等。习近平总书记为我们指出了崇尚劳动的重要意义。

但是，我们需要清楚的是，习近平总书记对劳动的重视，本质上是对劳动者的重视。因为劳动的主体是劳动者，劳动的成果也是满足劳动者的需要。因此，习近平总书记进一步指出，全社会都要贯彻尊重劳动、尊重知识、尊重人才、尊重创造。要坚持社会公平正义，排除阻碍劳动者参与发展、分享发展成果的障碍，努力让劳动者实现体面劳动、全面发展。在我们社会主义国家，一切劳动，无论是体力劳动还是脑力劳动，都值得尊重和鼓励；一切创造，无论是个人创造还是集体创造，也都值得尊重和鼓励。全社会都要以辛勤劳动为荣、以好逸恶劳为耻，任何时候任何人都不能看不起普通劳动者，都不能贪图不劳而获的生活。一切劳动者，只要肯学肯干肯钻研，练就一身真本领，掌握一手好技术，就能立足岗位成长成才，就能在劳动中发现广阔的天地，在劳动中体现价值、展现风采、感受快乐。

习近平总书记一方面提出了尊重一切劳动者的要求，另一方面对一切劳动者提出了希望。所以，崇尚劳动的最终目的就是尊重一切劳动者及其劳动。

人物故事

杨普：27 岁获得“全国劳模”荣誉的一线纺织女工

杨普，1983 年出生，河北省石家庄常山纺织股份有限公司恒盛分公司织造车间挡车工。她集全国劳动模范、中华技能大奖获得者、党的十九大代表等荣誉于一身。

2000 年，17 岁的杨普从技工学校毕业，到河北省石家庄常山纺织股份有限公司做了一名挡车工。机下打结也叫接线头，是挡车

工需要掌握的一项基本功。线头要接得又快又好，否则就会影响布匹、面料的产品质量。杨普在工作之余，几乎把所有能利用的时间都用来练习操

作技能，基本上做到手不离纱线。她在宿舍没事就练习，回家后让妈妈和弟弟帮着练习。

就是靠着这样一股韧劲，杨普不到20岁时就脱颖而出了。一般女工一分钟接20个线头，她一分钟能接38个。她说："刚开始时，我每分钟只能接7个，为了练就扎实的基本功，当时也是'拼'了。"别人练500个，她就练1000个；别人练1小时，她就坚持练2～3小时。她的手指硬是让软软的纱线勒出了一道道小口子。谈恋爱时，别人都是花前月下、卿卿我我，她却每次约会都带上纱线，让对象帮她掐表，一边练一边谈。功夫不负有心人，经过长期不懈的努力，她的接线头成绩超出了国家标准75%。这份成绩也多次让她获得了全省挡车工大赛的冠军。2010年，杨普获得全国劳动模范荣誉称号，那年她才27岁。2012年，她又获得第十一届中华技能大奖，成为纺织行业唯一的入选者。

她说："我只是一名普通的工人，也只是做了一些自己该做的工作，能得到大家和社会这么大的肯定，是没有想到的。在接受一个国家、一个民族对一名普通劳动者的最高褒奖时，我特别激动。请所有像我一样的工人劳动者，一定要相信自己的劳动价值，相信每一个平凡的岗位上都能有精彩的人生。"

摘编自长城网，2015年11月28日

二、热爱劳动

既然劳动对于我们的未来和幸福都有着重大的价值，那么热爱劳动就成为顺其自然的事情。对于广大劳动者来说，热爱劳动主要指的是热爱自己的岗位和工作。这就要求每一位劳动者都应该干一行、爱一行，认真钻研业务，争取成为行家里手。一份工作既是劳动者的“饭碗”，可以养家糊口，也是展示自己才能和实现自己价值的平台，更是为单位、社会和国家创造价值的机会。一个人如果不能为单位、社会和国家创造足够的价值，不仅无法实现自己的价值，甚至还会影响到自己的“饭碗”。所以，热爱劳动是每一位劳动者的本分。

每一位劳动者都希望通过劳动创造自己的幸福生活和美好未来，更希望能在工作岗位上不断提升自己的综合素质，带来更好的发展机会，这都需要有一颗热爱劳动的心。对于劳动者来说，热爱劳动就是勇于承担起工作中的重任、积极面对岗位上的难题，恪尽职守，认真完成每一项工作，从而推动企业、社会进步，汇聚成国家振兴的力量。对岗位和工作的热爱，实际上就是对单位、社会和国家的热爱。

总之，热爱劳动对于所有人来讲都是必不可少的。热爱劳动表面上看热爱的是劳动，实际上热爱的是劳动所承担的责任。也就是说，一个富有高度社会责任感乃至对人民、对国家有大爱的人，他的劳动就会取得难以想象的成就，他的劳动价值也将是无可限量的。

人物故事

袁隆平：大爱造就出的共和国勋章获得者

袁隆平，1930 年 9 月 7 日生于北京，籍贯江西省德安县，首届国家最高科学技术奖得主、被誉为“世界杂交水稻之父”，先后获得改革先锋、“最美奋斗者”、共和国勋章等荣誉和称号。

1949 年 8 月，19 岁的袁隆平高中毕业，到了西南农学院读书。1953 年，袁隆平从西南农学院毕业，成为新中国培养的第一批大学生。1960 年，严重的大饥荒像蝗虫般掠过中华大地，饿殍遍野，惨不忍睹。袁隆平内心的壮志被激发起来。他发誓，一定要研究出一种高产的水稻，让自己的同胞吃饱。当时，科学家都认定水稻杂交没有优势，可是倔强的袁隆平不认输，他相信自己的判断没有错，无数次试验、无数次失败都没有使他气馁。

有一天，袁隆平像往常一样走在试验田里，突然发现一株特殊的稻穗。他在惊喜之余，继续潜心研究。终于，在 1973 年，袁隆平在全国水稻科研会议上，正式宣告中国籼型杂交水稻“三系”配套成功。他是一位真正的耕耘者。当他还是一位乡村教师的时候，已经具有颠覆世界权威的胆识；当他名满天下的时候，却仍然只是专注于田畴。他毕生的梦想，就是让所有人远离饥饿。

这些年来，袁隆平的杂交水稻还走出了国门，被越来越多的国家引种，为解决全球饥饿问题立下了汗马功劳。如今，海水稻又走进了袁隆平的视野，再一次延续他的奋斗征程。

奋斗不止的袁隆平身上闪耀的是价值的光芒。早在十几年前，就有评估机构得出结论，仅“袁隆平”这个名字的品牌价值就达千亿元之巨。但袁隆平认为，用财富衡量科学家太低级、太庸俗。在他眼中，下田种稻，让稻高产，不让人挨饿，才是他的兴趣所在，才是真正体现自己价值的“身价”。只有将个人价值与奉献社会结合起来，个人的成功才能熠熠生辉。

如今，年近九旬的袁隆平仍然奋斗在科研一线。袁隆平的故事再一次告诉我们，用梦想驱动奋斗，奋斗才会走向成功。

摘编自搜狐网，2019 年 5 月 22 日

三、辛勤劳动

一分耕耘，一分收获。伟大的成绩总是和辛勤劳动联系在一起的。没有亿万人民的胼手胝足、日耕夜作，就不会有今日中国的巨

变。习近平总书记强调，实现中国梦，最终要靠全体人民辛勤劳动，天上不会掉馅饼！“一勤天下无难事”，实现我们确立的奋斗目标，归根结底要靠辛勤劳动、诚实劳动、科学劳动。实现中华民族伟大复兴的中国梦，要靠各行各业的人们辛勤劳动。面对2020年突如其来的新冠肺炎疫情，我国能够取得抗疫的显著成效，一方面取决于党的伟大领导，另一方面则得益于全国人民的辛勤劳动。无论是逆风而行的“白衣天使”，还是创造“火神山速度”的建筑工人，抑或是“召之即来”的人民子弟兵，都彰显了亿万劳动者艰苦奋斗、无私奉献的“硬核力量”。

辛勤劳动从字面上理解是指辛苦、勤快地劳动。所以，辛勤劳动首先就要做好“吃苦”的准备。俗话讲，吃得苦中苦，方为人上人。任何劳动成果的取得都不会是一帆风顺的，总会遇到各种困难。只不过有的困难大，有的困难小。如果一个人一遇到困难就退缩和逃避，那么他就很难取得理想的劳动成果。反之，一个人如果“明知山有虎，偏向虎山行”，那么他就会取得意想不到的收获。

辛勤劳动除了要承受得住辛苦、艰苦外，还要养成勤快的习惯。勤能补拙是良训，天道酬勤讲的就是勤快的重要性。很多事情不是短时间就能完成的，需要坚持、坚守、坚定自己的信念和习惯。在工作中，各种问题总是层出不穷，所以需要养成善于观察问题、分析问题、解决问题的思维。例如，有的生产技术难题可能需要经过几十次、上百次乃至更多次的反复试验，才会找到最后的解决方案。如果离开了勤快，可能就会与最后的解决方案失之交臂。实际上，辛苦和勤快在很多情况下是密不可分的。辛苦的人在很多情况下是因为太勤快了，而勤快的人总是比较辛苦的。所以，才会有了辛勤劳动的说法。只有辛勤劳动，才会收获自己的幸福和未来。

人物故事

柳祥国："苦中寻乐"的中华技能大奖获得者

柳祥国，1974 年 11 月出生，湖南株洲冶炼集团股份有限公司一线工人，获得省市劳动模范、湖南省技能大师、全国技术能手、中国有色行业技术能手、中国职工第三届创新成果奖、全国五一劳动奖章、全国劳模、中华技能大奖等荣誉和称号。

1990 年，高中毕业的柳祥国怀揣着技术工人梦，报名上了株洲冶炼厂技校，学习铅锌冶炼。他来自农村，家中有兄妹三人，他是老大。受父亲影响，"能端上铁饭碗，当一名工人"是柳祥国儿

时最大的梦想。1993 年，听说株洲冶炼厂选人参加对岗培训，柳祥国马上报了名。柳祥国的工作是用小铁铲敲松阴极板，析出锌片后，再把锌片剥下来。看似简单

的敲、剥、拉的动作，每一步都有门道。工作现场，热浪扑面而来，工人们厚厚的工装上有一个又一个被烧穿的洞。上完班，长筒套鞋和胶皮手套里“能倒出升把汗水”，周身皮肤就像被虫子叮咬一样，奇痒无比。当时和柳祥国一起来的有28人，最后只有柳祥国一个人坚持了下来。

每天，柳祥国置身于四五十度高温的锌电解槽上，酸雾呛得他鼻涕、眼泪直流。他在酸雾中摸爬滚打，装槽、出槽、巡检、剥锌、码堆等一系列操作工艺他都得熟悉透彻。为了学好槽上的核心技术，他不顾酸雾侵扰，鼻子两边被酸雾腐蚀到溃烂，至今留下两道伤疤。1994年，他经过苦干加巧干，极力摸索锌电解的窍门，向厂里提出第一条创新建议——“阴阳两极定位法”。这一方法在全厂推广，获得株冶集团科技创新一等奖。

初尝成功的喜悦激发了柳祥国的创新热情，更让他对看似辛劳、枯燥的工作充满了无穷的乐趣。2010年，以柳祥国名字命名的“平、清、紧、看”“四一先进操作法”问世，一举打破电解工艺操作几十年来的传统方式。新的操作法推广实施后，每年可为工厂创造经济效益7600万元以上，他也因此获得全国第三届职工科技创新成果奖。2016年，柳祥国荣获第十三届中华技能大奖，成为株洲市历史上获得该奖的第一人。

摘编自湖南文明网，2017年6月5日

四、诚实劳动

习近平总书记强调，人世间的美好梦想，只有通过诚实劳动才能实现；发展中的各种难题，只有通过诚实劳动才能破解；生命里的一切辉煌，只有通过诚实劳动才能铸就。广大劳动群众要立足本职岗位诚实劳动。只要踏实劳动、勤勉劳动，在平凡岗位上也能干出不平凡的业绩。我们要在全社会大力弘扬劳动精神，提倡通过诚实劳动来实现人生的梦想、改变自己的命运，反对一切不劳而获、投机取巧、贪图享乐的思想。

习近平总书记强调的诚实劳动，既是劳动态度，也是劳动品德。作为劳动态度，诚实劳动是指每一位劳动者都要以诚实的态度做事，不要在劳动的形式、劳动的内容、劳动的效果等方面弄虚作假、混淆视听。作为劳动品德，诚实劳动是指每一位劳动者都要以诚实的态度做人，既要真实展示自己，又要真诚对待别人。做事先做人。劳动品德对于诚实劳动有着更重要的价值，因为做人不诚实，做事也很难诚实。

在劳动态度上，诚实劳动是用诚实的态度做事。这就需要每一位劳动者尊重客观规律，坚持问题导向。这里的问题主要是指劳动者在工作中遇到的问题。如果一个人用诚实的态度做事，就会严格按照单位和岗位工作的要求做事，深入思考和钻研劳动中遇到的各种问题，采用科学的思路，找到解决问题的科学方法。相反，用不诚实的态度做事就会违反客观规律，最终的劳动效果也会适得其反、事与愿违。以诚实的劳动态度做事，总会生产出有质量保证的产品、提供有信誉保证的服务。以不诚实的劳动态度做事，则往往以假冒伪劣产品或不良服务赚取不义之财。

在劳动品德上，诚实劳动是用诚实的态度做人。其实，诚实本身就是人的一种品德修养，每一个人都应该诚实做人。诚实就是要真诚，要实在，不弄虚作假，不瞒哄欺骗，做到言行一致、表里如一，以本来面目示人，实实在在对人。一个人要想在社会上立足，就要努力做一个诚实的人。诚实劳动就是要做一个诚实的劳动者，包括劳动者自身的诚实语言、诚实形象以及诚实交往等。如果一个劳动者不诚实，就会想方设法掩盖自己，甚至谎话连篇，到处骗人。从这个意义上讲，诚实劳动就是诚实做人。所以，诚实劳动的关键在于劳动品德的教育和塑造。特别是对于青少年和孩子们的劳动教育，劳动品德的教育应该是第一位的。

延伸阅读

钟南山：诚实教育熏陶出的共和国勋章获得者

钟南山，1936 年 10 月出生于江苏南京，福建厦门人，中国工程院院士，呼吸内科知名专家，广州医科大学附属第一医院国家呼吸系统疾病临床医学研究中心主任，中国医学科学院学部委员，中国抗击非典型肺炎领军人物，感动中国 2003 年度人物，100 位新中国成立以来感动中国人物（2009 年），2020 年被授予“共和国勋章”、荣获“全国教书育人楷模”称号。

在很多人眼中，钟南山是正直、真实、科学和权威的代名词。无论是2003年“非典”期间，还是新冠肺炎疫情突来的2020年，钟南山说的每一句话都令人信服。这种敢讲真话、实事求是的处事原则，源于他父亲钟世藩的言传身教。

“父亲很少说话，但他说的每句话都是有证据的。”钟南山上小学时很淘气，妈妈给他的伙食费，他没有交到学校，而是拿去买零食和玩具。纸包不住火，露馅儿时，钟南山心想“完了完了……”他觉得父亲一定会暴揍自己一顿。没想到父亲没有打骂他，而是和颜悦色地把他叫到跟前，说：“做人，最重要的是诚实。南山，你好好想一想，你这样做是不是不诚实？”父亲的话让当时只有10岁的钟南山羞愧难当。“父亲的质问比打我一顿对我的刺激更大。那一刻我知道，人生在世，诚实比耍机灵更重要。”

1950年，钟世藩潜心研究乙型脑炎病毒，自掏腰包买回三四百只小白鼠在家里建起了实验室。这个实验室给钟世藩带来了两大收获：一是首创了用胎鼠作为分离病毒的工具，二是让儿子钟南山爱上了医学。当时，14岁的钟南山天天帮父亲喂老鼠。在父亲的耳濡目染下，他记住了一个道理：医学是一门严谨的科学，来不得半点虚假，只有反复实验得出的数据和结论才能用于临床实践。

渐渐爱上医学并决定追随父亲脚步的钟南山，有空就会跟在父亲身后，兴高采烈地做他的小帮手。有一次，他随父亲一起出诊时遇到一个尿血的孩子，自以为是的钟南山说：“他得的是结核。”

父亲一脸严肃地反问："你怎么知道他得的是结核？尿血可能是结核，也可能是膀胱炎，还可能是其他炎症，你凭什么说他得的是结核？"钟南山被问得哑口无言。"医者人命，没有十足的证据，不可轻下判断。"父亲接下来说的这句话，更让钟南山终生难忘。

在父亲的影响下，钟南山将毕生精力都投入热爱的医学事业上，敢言敢医，敢承担敢说真话，真正做到了继承父亲的衣钵和精神。2003 年"非典"期间，他曾去父亲墓前，问："父亲，我要说出真相吗？"问完，钟南山心中已有了答案。"因为如果换作父亲，他也一定会说出真相。"对于自己的后代，钟南山同样会告诉他们："钟家优良传统，第一个就是要永远有执着的追求，第二个就是要严谨实在。"

"真药救人，真话救世。真话和真药一样重要。"这是钟南山一直都在践行的人生信条，也是他最崇拜的父亲留给他的最珍贵的财富。

摘编自《婚姻与家庭》杂志，2020 年第 11 期

第四节
劳动精神的时代价值

劳动精神是对广大劳动者劳动实践的高度肯定和科学总结，是

对马克思主义劳动观的丰富和发展。劳动精神的提出和践行，在我国建设社会主义现代化强国的新时代有着重大的时代价值。

一、政治价值

劳动精神的首要时代价值表现为政治价值。也就是说，劳动精神的弘扬和践行既是马克思主义劳动观的具体要求，也是中国特色社会主义事业发展的内在需要。从这个意义上讲，劳动精神体现了党和国家坚持马克思主义理论指导的立场。以劳动为重要理论基石形成的马克思主义理论，不仅深刻地改变了世界，也深刻地改变了中国。

2018 年 5 月 4 日，习近平总书记在纪念马克思诞辰 200 周年大会上的讲话指出，中国共产党诞生后，中国共产党人把马克思主义基本原理同中国革命和建设的具体实际结合起来，完成新民主主义革命和社会主义革命，建立起中华人民共和国和社会主义基本制度，实现了中华民族的伟大飞跃。改革开放以来，中国共产党人把马克思主义基本原理同中国改革开放的具体实际结合起来，实现了中华民族从站起来到富起来的伟大飞跃。在新时代，中国共产党人把马克思主义基本原理同新时代中国具体实际结合起来，推动党和国家事业取得全方位、开创性历史成就，发生深层次、根本性历史变革，中华民族迎来了从富起来到强起来的伟大飞跃。

劳动精神体现为科学精神、以人民为中心的精神、实践精神、开放精神。科学精神强调通过劳动来认识和遵循客观规律，以人民为中心的精神强调尊重人民群众的劳动主体地位及其劳动的积极性、主动性、创造性，实践精神强调借助劳动实践来完成认识世界、改造世界的任务，开放精神强调劳动者需要不断地自我革命和自我提升。其中，以人民为中心的精神是劳动精神的核心。这就要求我们弘扬和践行劳动精神，必须坚持人民立场，富有人民情怀，大力弘扬劳动光荣、知识崇高、人才宝贵、创造伟大的时代新风，推动全社会热爱劳动、投身劳动、爱岗敬业，为改革开放和社会主义现代化建设贡献智慧和力量。

在全球新冠肺炎疫情严重的形势下，我国的疫情防控工作能够取得阶段性的显著成效，根本原因在于我党坚持的人民立场。习近平总书记指出，人民才是真正的英雄。面对新中国成立以来发生的传播速度最快、感染范围最广、防控难度最大的一次重大突发公共卫生事件，14 亿中华儿女并肩战斗、守望相助，谱写了一曲感天动地的劳动者之歌。从一线医务人员到各方参与防控的人员，从环卫工人、快递小哥到生产防疫物资的工人，千千万万劳动群众在各自的岗位上埋头苦干、默默奉献，汇聚起了战胜疫情的强大力量，推动疫情防控阻击战取得重大成果。

延伸阅读

马克思的高中毕业论文《青年在选择职业时的考虑》节选

在选择职业时，我们应该遵循的主要方向是人类的幸福和我们自身的完美。不应认为，这两种利益是敌对的、互相冲突的，一种利益必须消灭另一种。人类的天性本来就是这样的：人们只有为同时代的人的完美、幸福而工作，才能使自己也达到完美。

如果一个人只为自己劳动，他也许能够成为著名的学者、大哲学家、卓越诗人，然而他永远不可能成为完美无瑕的伟大人物。

历史承认那些为共同目标劳动因而自己变得高尚的人是伟大人物；经常赞美那些为大多数人带来幸福的人是最幸福的人；宗教本身也教诲我们，人人敬仰的理想人物就曾为人类牺牲了自己——有谁敢否定这类教诲呢?

如果我们选择了最能为人类福利而劳动的职业，那么，重担就不能把我们压倒，因为这是为大家而献身；那时我们所感到的就不是可怜的、有限的、自私的乐趣，我们的幸福将属于千百万人，我们的事业将默默地但是永恒发挥作用地存在下去。面对我们的骨灰，高尚的人们将洒下热泪。

摘编自《青年在选择职业时的考虑》

二、经济和社会价值

劳动精神的经济和社会价值主要是指劳动精神对于我国经济和社会发展的重大价值。党的十八大以来，习近平总书记关于劳动和劳动精神及其劳动观的思想，几乎都出现在关于工人阶级和工会工作的系列重要讲话中。近年来我国工会开展的“中国梦·劳动美”

主题宣传教育活动，就是为了弘扬劳动精神和工人阶级的伟大品格，展现我国工人阶级对经济和社会发展的重大价值。

劳动精神的经济和社会价值本质上体现的是劳动和劳动者的经济和社会价值。也就是说，经济和社会的发展在根本上是由劳动和劳动者推动的。实现中华民族伟大复兴的中国梦，是我国新时代经济和社会发展的重要目标。要实现这一目标，就必须重视劳动和劳动者及其展现出的劳动精神。党和国家特别是习近平总书记对于劳动精神的高度重视，就是因为劳动和劳动者对于我国经济和社会的发展具有重大的推动作用。为了更好地发挥劳动和劳动者在我国新时代经济和社会发展中的巨大作用，展现劳动精神的经济和社会价值，中共中央、国务院 2017 年印发了《新时期产业工人队伍建设改革方案》。

从党和国家性质着眼，推进产业工人队伍建设改革，是以习近平同志为核心的党中央坚持以人民为中心的发展思想和全心全意依靠工人阶级方针的重要体现，是巩固党的执政基础、实施制造强国战略、全面提高产业工人素质作出的重大决策部署。就产业工人队伍建设改革专门进行谋划和部署，在我们党和国家历史上尚属首次，充分体现了以习近平同志为核心的党中央对包括产业工人在内的工人阶级的高度重视和亲切关怀，释放了党中央始终坚持以人民为中心的发展思想和全心全意依靠工人阶级方针的强烈信号，体现了劳动精神的经济和社会价值，对于实施制造强国战略、全面提高产业工人素质，具有重大而深远的意义。

延伸阅读

中华全国总工会：全国产业工人队伍建设改革试点工作启动

中华全国总工会印发《关于开展产业工人队伍建设改革试点工作的通知》（以下简称《通知》）要求，自2020年起，在一些地方和企业开展产业工人队伍建设改革试点工作。首批试点安排在13个地方和企业，其中全面试点单位6个、项目试点单位7个，试点期限一年。

根据试点安排，6个全面试点单位（地区）包括黑龙江省、江苏省、成都市、国家电网公司、山东豪迈机械科技股份有限公司、金川集团有限公司。试点工作要按照政治上保证、制度上落实、素质上提高、权益上维护的总体思路，改革不适应产业工人队伍建设要求的体制机制；结合已出台的配套改革措施，重点围绕产业工人队伍思想政治引领、建功立业、素质提升、地位提高和队伍壮大等方面进行积极探索，力求取得突破。

与此同时，红豆集团有限公司、宁波舟山港集团有限公司、曹妃甸港集团有限公司、东北工业集团有限公司、中国中车集团有限公司、北京吉利大学、广东省等7个单位（地区）将开展项目试点，内容涵盖加强非公企业党建工作，探索在非公企业开展党建工作的方式、方法；创建跨区域、跨行业、跨企业的劳模和工匠人才创新工作室联盟，进一步推动群众性技术创新活动融入国家创新体系；依托大型骨干企业建设示范性高技能人才培训基地，建设工匠学院，孵化拔尖人才，培育更多高技能人才；建立健全培养、考核、使用、待遇相统一的激励机制，探索物质奖励与精神鼓励、短期激励与长效激励相结合的激励体系，努力实现多劳者多得、技高者多得；改革职业学校的办学方式、教学模式和课程体系，提高职业教育的质量；完善劳务派遣工管理机制，切实保障劳务派遣工的合法权益等。

全国产业工人队伍建设改革试点工作的启动，对于全面提升我国产业工人队伍的整体素质、在广大产业工人队伍中弘扬和践行劳动精神有着重大的意义。

摘编自《工人日报》，2020 年 01 月 20 日

三、教育价值

劳动精神的弘扬和践行不仅有着重要的政治价值和经济、社会价值，更有着重要的教育价值。劳动精神的教育价值不仅体现在全社会都要学习、弘扬和践行劳动精神上，更体现在所有学生都要接受劳动精神的教育上。从一定意义上讲，劳动精神的教育就是热爱劳动的教育。新时代的中国学生在接受德、智、体、美等教育的同时，还必须接受劳动教育，成为德、智、体、美、劳全面发展的社会主义建设者和接班人。这也是近年来党和国家对新时代教育方针的新要求。习近平总书记强调，教育引导广大青少年牢固树立热爱

劳动的思想、牢固养成热爱劳动的习惯，为祖国发展培养一代又一代勤于劳动、善于劳动的高素质劳动者。在2018年全国教育大会上，习近平总书记特别强调，要努力构建德、智、体、美、劳全面培养的教育体系。

2020年3月20日，中共中央、国务院发布的《关于全面加强新时代大中小学劳动教育的意见》（以下简称《意见》）在谈到劳动教育的重大意义时指出，近年来一些青少年中出现了不珍惜劳动成果、不想劳动、不会劳动的现象，劳动的独特育人价值在一定程度上被忽视，劳动教育正被淡化、弱化。对此，全党、全社会必须高度重视，采取有效措施切实加强劳动教育。《意见》进一步指出，把劳动教育纳入人才培养全过程，贯通大、中、小学各学段，贯穿家庭、学校、社会各方面，与德育、智育、体育、美育相融合，紧密结合经济、社会发展变化和学生生活实际，积极探索具有中国特色的劳动教育模式，创新体制机制，注重教育实效，实现知行合一，促进学生形成正确的世界观、人生观、价值观。

《意见》还对劳动教育体系作了全面阐述，指出有目的、有计划地组织学生参加日常生活劳动、生产劳动和服务性劳动，让学生动手实践、出力流汗，接受锻炼、磨炼意志，培养学生正确劳动价值观和良好劳动品质。通过劳动教育，使学生能够理解和形成马克思主义劳动观，牢固树立劳动最光荣、劳动最崇高、劳动最伟大、劳动最美丽的观念；体会劳动创造美好生活，认识到劳动不分贵贱，热爱劳动，尊重普通劳动者，培养勤俭、奋斗、创新、奉献的劳动精神；具备满足生存发展需要的基本劳动能力，形成良好劳动习惯。职业院校以实习实训课为主要载体开展劳动教育，其中劳动精神、劳模精神、工匠精神专题教育不少于 16 学时。

延伸阅读

国外的劳动教育

日本：融入生活的劳动教育

日本历来重视劳动教育，把培育学生正确的劳动价值观与劳动态度作为培养目标。但最值得借鉴与学习的是，在日本，劳动教育已融入学科教育及日常生活之中。

1. 日常家务劳动

日本家长要求孩子从小就学会自己淋浴、整理床铺，缝制布袋、抹布、垫子，帮助家长烹饪、做料理，做力所能及的家务活。

2. 学校劳动

劳动成为日本中小学生的“必修课”。一方面让学生通过家政课等学习劳动技能；另一方面通过让学生承担校园劳动任务，将劳动教育融入日常。如小学生轮流分配午餐，午餐吃完后，值班学生还要将餐具整理好，并进行 20 分钟的大扫除。

3. 社会公益服务劳动

学生走进社区、公民馆、养老院等，做公益服务性的劳动。各学校按所在地区的情况，在学校的组织安排下，由学生会组织学生有计划地进行社会服务。例如，给老弱病残者提供生活帮助，到公民馆、图书馆做志愿者等。

4. 农场、田地劳动

许多日本中小学校都有一块或大或小的田地，供教师对学生进行基本的劳动教育。有条件的学校会有一片小花园、小菜园，教师教学生种植日常食用的蔬菜、育秧、插秧、防治病虫害等。等到了收获的时候，孩子们就将所种蔬菜采摘后送到学校食堂，由厨师或自己烹饪处理。

德国：严格的师资培养与工厂实践

德国十分强调和重视基础教育中的劳动教育，而其劳动教育最大的亮点在于设有严格的劳动教育教师培养标准和“学校 + 工厂”的劳动实践模式。

1. 严格的师资培养体系

培养德国青少年劳动教育教师有两种模式。第一种是在结构上以专业和职业化为基础；第二种是以一体化的综合课程为基础、以多学科劳动教育为学习主线。在德国当一名劳动教育教师，从小学到大学要念 19 年，并且要通过实习，在各类教学范围和学习场所同时具备高等教育教学法和职业经验并掌握高等教育方法后，才可能定向成为劳动教育教师。

2. 劳动教育内容多元

德国中小学劳动课的设置有五大类：技术知识等（电子电工、现代办公室技术等）、经济（财经知识、银行贷款等）、家政（缝纫、烹饪与营养学等）、传统工艺（泥塑、纸工等）、职业指导（职业性质特点、求职方式、面试等）等。

3.“学校＋工厂”实践模式

德国有五种劳动技术专用教室，即金加工、木加工、烹饪、办公室管理、缝纫和编织。德国劳动教育的专用教室不仅设备齐全，而且设计讲究。

德国中小学除了在学校专用教室开展劳动教育外，还有一个极具特色的实践环节——由学生自己联系企业实习，和工人一样上下班，了解工厂和职业。老师每周去看望学生两次。实习结束，学生作汇报，老师作总结。

芬兰：劳动教育与编程教育完美结合

芬兰的劳动教育历史悠久，而其最大的教育亮点在于编程教育与传统劳动教育课程的有机结合。

芬兰的手工课有着150余年的历史，主要包括两大门类：一类为针织、缝纫、布艺等“轻手工”课程，另一类为木工、金属技工等使用机械设备的“重手工”课程。

而编程的有机融入是其手工课长盛不衰的重要原因。在芬兰，一年级就开设编程课程。而编程教育也被融入手工、数学等不同学科中来开展，这也是其编程教育模式的独特之处。例如，3—6年级的手工课要求学生使用机器人和相关自动化工具来设计完成手工作品。

美国：生计教育的校内外结合

以生计教育为特色的美国社会的劳动教育，主要通过校内与校外相结合的方式来进行。学校生计教育又可分为三个阶段。

一是职业了解阶段（1—6 年级）。这个阶段的主要任务是“职业认识”。目的是通过单元教学，培养儿童的职业意识和自我意识，提高儿童对职业的了解，具体又可分为低级组、中级组和高级组。

二是职业探索阶段（7—10 年级）。在这个阶段，学生通过职业探索熟悉职业的分类和职业群，并开始在职业群中进行尝试性的选择。美国教育专家将 23000 个社会职业分为 15 个职业群，让学生在 7—8 年级集中了解他们最感兴趣的职业群，在 9—10 年级对选定的职业做深入的探究，包括参观访问劳动现场、在实际的劳动操作中获取经验与教训。

三是职业抉择阶段（10—12 年级）。在这个阶段，学生将在他选择的某些职业领域进行更深入的探索，并确定未来发展方向。

高中毕业后，一部分学生将进入社区学院学习，毕业后从事技术性工作；另一部分则进入大学继续深造。进入社区学院学习的学生开始接受系统的职业教育；进入大学学习的学生，或是开始学术生涯，或是从事进一步高端职业技术训练。无论选择哪一种，中小学阶段的生计教育都为其职业生涯规划打下坚实的基础。

摘编自搜狐网，2020 年 4 月 2 日

第五节

如何践行劳动精神

党和国家出台劳动教育政策，就是为了鼓励和推动各类学校加强劳动成果精神的培养和教育，为学生提供参加劳动、体验劳动、收获劳动的机会和平台，使学生形成良好的劳动态度、劳动习惯以及劳动价值观等，从而培养德、智、体、美、劳全面发展的社会主义建设者和接班人。劳动精神的践行应该通过以下方式进行，即从小事做起、心中有梦想、勤于思考、热爱劳动。

一、从小事做起

劳动精神的践行首先应该从小事做起。对于职场的劳动者来说，劳动精神的践行更多体现在事无巨细的日常工作中。这些工作一般都是平凡得不能再平凡的“小事”。但是，就是因为有些劳动者把这些“小事”做成了“大事”，在平凡的岗位上做出了不平凡的成就，才成为工匠、劳动模范等优秀的劳动者。古人云，天下大事必作于细。意思是说，凡事只有从小事做起、从眼前的杂事做起，坚持到底，才能把小事做“大”。坚持不懈地做好每一件小事，考量的是一个人的耐心和品质。不管是劳动还是生活，都是由一件件小事组成的。正所谓“一屋不扫何以扫天下”。一个人只有认真细致地对待小事，把每一件小事都做好，才能成为做大事的人。

伴随着社会的快速发展，人们掌握的知识和技能越来越多，这就导致很多人不愿意做小事，总以为自己是做大事的人。有些职场的求职者自命清高、好高骛远，小事不愿做、大事做不了，以致牢骚满腹，虚度了时光。因此，空有抱负是远远不够的，成功需要从一点一滴的小事做起。

从小事做起，就需要从细微处着手，把小事都做到位，才能及时、有效地完成劳动任务。一件小事很不起眼，但把很多小事都串联起来，就会变成一件大事。如果我们在劳动的时候，不能把小事做到位，甚至忽视小事，不良后果就可能会在无法预料的情况下出现。小事做不到位的后果如同“千里之堤，溃于蚁穴”。

延伸阅读

寓言故事:“千里之堤，溃于蚁穴”

在古时候，住在黄河边上的村民为了防止水患，便筑起了坚实稳固的长堤。有一天，附近的一位老农偶然间发现长堤上猛增了很多蚂蚁。老农心想：有这些蚂蚁在，一定有不少蚂蚁窝，蚂蚁窝就会威胁长堤的坚固性。为此，他边走边想，打算回去跟村子里的人说说。在回去的路上，他碰到了自己的儿子，便把发现蚁穴和自己担心的事全部告诉了儿子。老农的儿子不以为然地说道:“长堤那么坚固，怎么会害怕几只小蚂蚁?”说着便拉着老农回家了。当天晚上下了暴雨，黄河里的水猛涨起来。咆哮的黄河水从那些蚁穴里喷射而出，冲毁了长堤，最终淹没了沿河的村庄和田野。

这个故事告诉我们一个深刻的道理：小事做不到位，将酿成大错。要防患于未然，就需要从小事做起。万事从小事做起，把小事做到位，就不会因小失大。

摘编自百度百科《千里之堤，溃于蚁穴》

在劳动中，我们常常会忽略小事，那些我们以为无关紧要的小事，往往就像蚁穴一样。如果被忽略和被无视，蚁穴般的小事不仅不会消失，反而会增多，酿成大祸。因此，在劳动过程中，我们应该从小事做起，把小事做到位，这样才有可能出色地完成劳动任务。

二、心中有梦想

劳动精神的践行还需要每个人心中有梦想。全国劳动模范贾拴成说："人只要心中有梦想，就会永远有动力、有激情；只要心中有梦，总会绽放光芒；只要有奋斗的远大目标，就会有使不完的力气，就会有更多的创新思维。"所以，心中有梦想会让一个人在劳动中有无穷的创造力。正如罗曼·罗兰所说，生命是一张弓，弓弦便是梦想。因为有了梦想，我们才能拥有奋斗的目标，并将这些目标凝结成希望的萌芽，在汗水与泪水的浇灌下，绽放成功之花。一个人若是没有梦想，心就没有栖息的地方，就没有归属感。人只要有了梦想，就有了奋斗的方向。

澳大利亚的16岁少女沃森独自驾驶帆船完成了环球航海的壮举，时任澳大利亚总理陆克文盛赞她是英雄。沃森却说："我不是英雄，我只是一个拥有梦想的普通女孩。"实际上，我们都曾有过梦想，无论是幼稚的还是荒诞的。那些梦想会给我们带来快乐，给我们奋斗的方向和动力。人只有在为自己的梦想努力的时候，才会觉得人生有目的、有意义。梦想看不见、摸不着，却让人心驰神往，让人甘愿为之付出一切。

在浩瀚的人生长河中，我们每个人都如同一艘航船，而梦想就像我们想到达的港湾，让我们无时无刻不充满动力和希望去扬帆远航。如若我们丢掉了心中的港湾，就只能漫无目的地在浩渺的大海中成为黯淡无奇的零星一点。没有梦想的人生无异于白日梦游。时间如白驹过隙，到了生命的尽头，没有梦想的人会悲哀地发现，原来自己的一生不过是一次没有目的地的航行，永远无法到达心中的港湾。

美国前总统威尔逊曾说过，我们因为有梦想而伟大，所有的伟人都是梦想家，他们或在春天的和风里，或在冬夜的炉火边做梦。有些人听凭自己的伟大梦想枯萎、凋谢，但也有人灌溉、呵护梦想，在艰难困苦的日子里精心培育梦想，直到有一天得见天日。所以，一个人只有确立了前进的目标，才会最大可能地发挥自己的潜力，主宰自己的命运。特别是年轻人，一定要有一个梦想，哪怕这个梦想看起来很远，但要朝着这个方向走下去，并一步步接近它，这样的人生才充实。不管结果是好是坏，最起码我们曾经心生希望并为之奋斗过。2018 年 5 月 2 日，习近平总书记在北京大学师生座谈会上发表重要讲话时强调，广大青年既是追梦者，也是圆梦人。追梦需要激情和理想，圆梦需要奋斗和奉献。

三、勤于思考

每一位劳动者，不仅要从小事做起，亲身体验和参加各种劳动实践，还要心中有梦想，为劳动指明方向、提供动力，让平凡的劳动变得不平凡，更需要勤于思考，在劳动实践中产生创新思想和创新成果，充分体现劳动和劳动者的价值。劳动之所以能够创造一切，关键在于劳动者勤于思考、善于思考、积极思考、独立思考等。

俗话说，没有做不到，只有想不到。思考的力量无限大。思考可以增长智慧，使各种知识和信息相互碰撞，将故知发生转化，达到创新的目的。在苹果落地的一瞬间，正是生动的思考，使得牛顿发现了万有引力的定律。正因为把思考作为人生的最大乐趣，才使得爱迪生一生有了近 2000 项的发明创造，成为人类的骄傲。生活需要思考，学习需要思考，劳动更需要思考。对劳动的思考，可以培养人的劳动才能、塑造人的劳动品格、铸就人的劳动价值观。

一个人要想成功，必须勤于思考。每一位劳动者在劳动过程中，都应该不断地思考自己所做过的、正在做的和将要做的事情；

不断地问自己哪些事情是需要弥补的，哪些事是应该改正的，哪些事是需要向别人请教的，等等。真正成功的劳动者不单会思考，还会把思考与劳动实践结合起来，创造出一个又一个的劳动奇迹。思中有谋是成大事的根本。要想成就一番伟业，要先养成善于思考的习惯。百年哈佛有一句谚语：一天的思考，胜过一周的蛮干。凡事不去思考的人，总会混沌而麻木地随波逐流。

“吾日三省吾身”告诉我们，要每天反省自己，反省就是思考的过程，思考是解决问题的钥匙，善于思考的人才会有创造力。我们只有勤于思考，才会发现问题，然后努力寻求解决问题的方法，使困境成为人生的转机。善于思考的人更具备主观能动性，这种主观能动性决定着人的精神状态和综合素质，决定着人的最后成就。改变我们命运的不是“上天”，而是我们的思考能力。

我们在劳动实践中，不能只有一腔热血，而要让思考先行。但是需要指出的一点是，劳动前的思考要适度，想得太多、虑得太细，就会使得自己在劳动实践中犹豫不前，贻误最佳时机。具体思考到什么程度，并没有标准答案，这需要劳动者在劳动实践中，摸索出一套属于自己的思考模式。诺贝尔奖获得者、英国物理学家约瑟夫·汤姆森和欧内斯特·卢瑟福先后培养出了17位诺贝尔奖获得者。他们每个人都清楚，是思考改变了他们的人生。人只有发挥出大脑的巨大潜能，让大脑在不断思考中越变越敏锐，才能在劳动实践中走得更远。

四、热爱劳动

劳动精神的践行最终要体现在对劳动的热爱上。反过来讲，劳动者只有发自内心地热爱劳动，才会自觉践行劳动精神和传播劳动精神。学校进行劳动教育的目的就是让学生养成热爱劳动的习惯。热爱劳动不仅是一种生活态度，更是一种优秀品质。劳动是我们实现人生梦想的途径。只有真正热爱劳动的人，才会取得劳动的成就。实际上，学校通过劳动教育培养学生热爱劳动的习惯，就是为了将来他们走向社会的时候，由热爱劳动转变为热爱工作、热爱岗位、热爱事业、热爱社会、热爱国家等，从而在为企业、社会、国家作出贡献的同时，展现自己的人生价值。每一位劳动者只有从事劳动并找到属于自己的工作，并热爱它，才能更好地展现自己的才华，在劳动实践中收获快乐，并在某一劳动领域干出自己的成就。

每个劳动者在劳动中都可能会受到挫折，甚至产生各种不良的情绪。但是，一个人只要真心热爱劳动，就会发现这些挫折只是踏上成功的阶梯。相对于从劳动中获得的人生价值，一个人在劳动中得到的报酬就会显得无足轻重。如果没有了劳动，我们就失去了通往理想的道路，人生价值也就很难实现。其实，劳动并不仅仅是为了物质回报，我们可以从劳动中认识朋友、认识社会、认识自己。任何一个成功的人在取得成功之后，都不会轻易放弃劳动，即使他们退休了，也会参加一些小型的劳动。因为在他们的眼里，劳动已不再是单纯的劳动，而是与生命融为一体了。他们的劳动成就，远不及他们对于劳动的热爱。衡量一个人的成就，不是看他有多少财富，而是看他所创造的劳动价值。劳动是我们实现人生价值的通道和平台。我们每个人都应该真正地热爱劳动，在劳动实践中找到自身的价值，让自己的才华得以施展，为社会作出自己的贡献。

实际上，一个人只有辛勤地劳动，才能证明自己的价值，劳动本身也成为人们实现人生目标的重要方式。热爱劳动，也是热爱生命，这是人类伟大的情操之一。任何人都必须通过劳动来生存，劳动是每个人的责任和义务。但是，如果我们仅把劳动当作一种谋生的手段，就很难去重视它、热爱它。而当我们把劳动视为增长自身阅历的途径时，就不会再轻视它。人的生命价值在于他的劳动贡献，从本质上来说，劳动是人的一种需要，能体现人自身的价值，使人得到快乐。

第四章

工匠精神篇

劳动者素质对一个国家、一个民族发展至关重要。技术工人队伍是支撑中国制造、中国创造的重要基础，对推动经济高质量发展具有重要作用。要健全技能人才培养、使用、评价、激励制度，大力发展技工教育，大规模开展职业技能培训，加快培养大批高素质劳动者和技术技能人才。要在全社会弘扬精益求精的工匠精神，激励广大青年走技能成才、技能报国之路。

——2019 年 9 月，习近平总书记对我国技能选手在第 45 届世界技能大赛上取得佳绩作出重要指示

第一节
大国工匠的工匠精神

自从 2015 年“五一”国际劳动节期间，央视新闻频道推出 8 集系列节目《大国工匠》之后，大国工匠逐渐成为“热词”之一。这个系列节目讲述了 17 位不同岗位的劳动者用自己的灵巧双手匠心筑梦的故事。这群不平凡劳动者的成功之路，不是进名牌大学、拿耀眼文凭，而是默默坚守、孜孜以求，在平凡岗位上，追求职业技能的完美和极致，最终脱颖而出，跻身“国宝级”技工行列，成为所在领域不可或缺的人才。他们之所以能成为大国工匠，关键在于他们追求完美和极致的工作态度和精神面貌，这也是李克强总理在 2016 年《政府工作报告》中首次正式提出的工匠精神。

一、《大国工匠》纪录片中的工匠精神

2015 年“五一”国际劳动节期间热播的《大国工匠》系列节目让我们知道，这些被誉为大国工匠的“国宝级”技工，尽管文化背景不同、年龄阅历有别，但他们都拥有一个共同的闪光点——热爱本职、敬业奉献。他们技艺精湛，有人能在牛皮纸一样薄的钢板

上焊接而不出现一丝漏点，有人能把密封精度控制在头发丝直径的1/5，还有人检测手感堪比X光般精准，令人叹服。

他们能够匠心筑梦，凭的是传承和钻研，靠的是专注与磨砺。换句话讲，这些大国工匠身上展现的工匠精神，是他们成就传奇人生的奥秘。从一定意义上讲，大国工匠与工匠精神有着内在的一致性。这8集系列节目的标题中，都有一个共同的字——“大”。8个标题分别是大勇不惧、大术无极、大巧破难、大艺法古、大工传世、大技贵精、大道无疆、大任担当。这八个“大”字，不仅道出了他们被誉为“大国工匠”的原因，也体现了他们身上的工匠精神。也就是说，我们可以从《大国工匠》8集系列节目8个带有“大”字的标题中，领会工匠精神的丰富内涵。

第1集讲述彭祥华、徐立平、王进的大勇不惧。这一方面来自他们对工作的执着，另一方面源于他们对建设祖国的挚爱。第2集讲述卢仁峰、张冬伟、未晓朋的大术无极，就是对精益求精的工匠精神的生动写照。第3集讲述周平红、张兴华、周永和的大巧破难，他们破的不仅是人类的大难题，更是人类的特别是他们自身的极限，所以，工匠精神也是追求极限的精神。第4集讲述毛胜利、孟剑锋、王津大艺法古再续传奇，展现的是工匠精神里追求极致的精神。第5集讲述王亚蓉、朱文立、李仁清的大工传世，彰显的是工匠精神让绝迹重现的精神。第6集讲述李峰、顾秋亮、李刚蒙的大技贵精，体现的是精准、精诚的工匠精神。第7集讲述裴永斌、方文墨、马荣的大道无疆，展示的是他们在机械化和数字化面前不断挑战极限的工匠精神。第 8 集讲述高凤林、马宇能、王伟的大任担当，体现他们在助推国家强大进程中不断挑战自我、提升自我、超越自我的工匠精神。

《大国工匠》8 集系列节目全面展示了工匠精神的丰富内涵。这 8 个带有“大”字标题的 32 个字，道出了这些大国工匠之所以被誉为大国工匠的根本原因在于他们的大勇、大术、大巧、大艺、大工、大技、大道、大任，为国家乃至全世界、全人类作出了重大的贡献。他们的人生价值是重大的！

人物故事

高凤林：把不可能变成可能的大国工匠

高凤林，1962 年出生，中国航天科技集团有限公司第一研究院首都航天机械有限公司特种熔融焊接工，火箭发动机焊接车间班组长，国家高级技师，先后获得国家科学技术进步二等奖、全国劳动模范、全国五一劳动奖章、全国道德模范等荣誉和称号。

1980 年，高凤林参加工作，开始了在第七机械工业第一研究院 211 厂 14 车间的职业生涯。为了练好基本功，他吃饭时习惯拿筷子比画焊接送丝的动作，喝水时习惯端着盛满水的缸子练稳定性，休息时举着铁块练耐力，更曾冒着高温观察铁水的流动规律。渐渐地，高凤林日益积攒的能量迸发出来。随着承担的急活儿、难活儿越来越多，高凤林挑起了更多的重担。在某型号引射筒的焊接攻关

中，他大胆改进，使近一年半没有解决的难题得以解决，保证了近1亿元产值的产品交付；在国家某潜基重点型号产品临近发射的关键时刻，艇上发射系统出现故障。高凤林在型号总设计师的直接授意下，研究采用特殊技法，连夜排除了故障，保证了该型号产品如期发射。

高凤林在工作中敢闯敢试，坚持创新突破，将无数次“不可能”变为“可能”。某型号发动机组件的生产合格率仅为35%，而高凤林所在班组被要求在半年时间内拿出大批量合格产品。该产品采用的是软钎焊加工，而高凤林的专业是熔焊，这是一次跨专业的攻关。高凤林从理论层面认清机理，在技术层面把握关键。他跑图书馆，浏览专业技术网站，千方百计搜寻国内外相关资料。每天，高凤林带领组员在20多平方米的操作间进行试验，2个月里试验上百次，厘清了两种材料的成因机理，并有针对性地从环境、温度、操作控制等方面反复改进，使得最终形成的加工工艺将该产品的合格率提升到90%。

“不仅会干，还要能写出来指导别人干。”高凤林一直这样要求自己。在操作难度很大的发动机喷管对接焊中，高凤林研究产品的特点，灵活运用所学的知识，提出用“反变形补偿法”进行变形控制，后来这一工艺获得了国家科技进步奖二等奖。他还主编了首部型号发动机焊接技术操作手册，参与制定多项行业规范，多次被指定参加相关航天产品标准的制定。自学、实践、总结、再实践的过程，让高凤林逐渐成为国内权威的焊接专家，成为大家眼中把深厚的理论与精湛的技艺完美结合的专家型工人。

摘编自央视网，2019 年 1 月 12 日

二、大国工匠为何受到推崇

大国工匠的兴起以及大国工匠群体日益受到社会的关注，除了得益于 2015 年“五一”国际劳动节期间《大国工匠》系列节目的热播，还在于中华全国总工会（以下简称“全国总工会”）叫响做实大国工匠品牌的精心安排。2015 年 11 月 9 日，习近平总书记主持召开中央全面深化改革领导小组第 18 次会议，审议通过了《全国总工会改革试点方案》。该试点方案明确提出要做强工会工作品牌，充分发挥工人阶级在实现中国梦中的主力军作用，特别是强调了一项重要任务，这就是叫响做实大国工匠品牌。

2015 年 11 月 20 日，一批大国工匠代表、劳动模范、地方工会干部和技校学生参加了全国总工会与中央电视台在中华全国总工会机关大楼召开的大国工匠座谈会。这次座谈会正式拉开了工会系统培育大国工匠品牌的序幕。组织座谈会的全国总工会领导强调的

“十年树木百年树人，大国工匠支撑的就是党和国家的伟大事业”，道出了全国总工会提出叫响做实大国工匠品牌的重要原因。

在全国总工会的积极推动下，2016年，大国工匠的报道登陆中央新闻媒体、网站的重要版面和电视的黄金时段，形成了主流媒体强力推进、网络媒体同步互动的全方位、高频次、立体化宣传态势。全国总工会与中央电视台深度合作推出了《大国工匠》系列报道，与国家网信办联合组织开展了“中国梦·大国工匠篇”网络媒体宣传活动，与中央主要媒体合作，如《人民日报》《工人日报》开设专栏，推出专版，并制作刊发大国工匠人物宣传广告。伴随大国工匠品牌的不断响亮，社会各界对于工匠人才的关注度也日益攀升。

2017年“五一”国际劳动节前夕，“大国工匠进校园”活动继续在北京、上海、青岛、深圳开展，工匠们展绝活儿绝技、讲成长经历。与以往不同，主办方通过聘请大国工匠为客座教授、倡导在学校建立大师工作室等形式，实现年轻学子与大国工匠之间的长期联系，教育引导学生深刻理解工匠精神内涵，树立正确的人生观、价值观和职业观，为职业院校和企业合作培养更多大国工匠搭建平台。在全国总工会的指导示范下，各地工会纷纷推出工匠培养、宣传计划，一批批地方工匠脱颖而出，学习大国工匠、争当大国工匠的氛围日渐浓厚。

人物故事

刘丽：油香四溢的“石油花”

刘丽，1974年3月出生，现任大庆油田有限责任公司第二采油厂第六作业区采油48队采油工班长、高级技师，曾获全国五一劳动奖章、全国技术能手、中国“质量工匠”、全国劳动模范、2020年“最美职工”等荣誉称号。

1993年，刘丽以第一名的成绩从技校毕业，穿上了“石油红”，来到油田老标杆采油48队当了一名石油工人。23岁时，刘丽代表大庆油田参加全国青年岗位能手技能比赛，取得全国第三名的好成绩。当人们表示祝贺时，她哭了。“我做得不够好，没能为油田争得冠军。”从此，她更加努力，向着更高的目标攀登。

换盘根原本是最让同事们头疼的工作。更换的时候，要用螺丝刀在只有1厘米宽的环形空间里把密封圈一个一个地抠出来，越深

越难抠，换一次密封圈要四五十分钟。而长时间停机会影响产量，但密封效果差会让井口都成为“油葫芦”。

刘丽受到一支口红的启发，设计了上下可调式盘根盒。调节盘根盒就像旋转口红一样，让盘根自己旋转出来。研制出样品上井试用时，因为重新设计的盘根盒结构发生变化，导致衬套和外壳连接处出现漏油。

为此，刘丽跑遍了大庆市的五金商店，一家一家去找更好的密封材料，终于找到了一种尼龙棒，回来自己加工成形状和尺寸合适的密封圈，最终研制成功“上下可调式盘根盒”。该成果于2002年获得国家专利，自推广以来，已创效上千万元。2018年，这个盘根盒获得了大庆油田首届技术革新成果特等奖。

在刘丽的眼里，只要是工作中不顺手、不方便、效率不高的地方，都可以创新。她研制的“螺杆泵多功能电缆护管”“螺杆泵井方卡子分体护罩”“减速箱可擦洗看窗”等革新成果在全油田批量推广使用。

摘编自《中国石油报》，2020年12月14日

三、工匠人才的评选

大国工匠作为一个专用名词，因2015年“五一”国际劳动节央视热播的《大国工匠》8集系列节目而“走红”。至今，全国劳

模、大国工匠两个专用名词已成为优秀劳动者的标签，也是广大劳动群众学习的榜样和追求的目标。大力弘扬全国劳模身上体现的劳模精神、大国工匠身上展现的工匠精神，也被写进了党的十九大报告。

最早的国家层面的大国工匠评选活动是由全国总工会、中央广播电视总台联合举办的2018年“大国工匠年度人物”发布活动。经过自下而上推荐、初选、评委会评选等环节，2019年1月18日正式产生10位2018年“大国工匠年度人物”。他们分别是中国航天科技集团有限公司第一研究院首席技能专家高凤林、中车长春轨道客车股份有限公司首席焊工李万君、中国电子科技集团公司第54研究所高级技师夏立、国网山东省电力公司检修公司带电作业工王进、安徽省地质矿产勘查局313地质队高级工程师朱恒银、中国广核集团核燃料操作师乔素凯、中国工程物理研究院机械制造工艺研究所高级技师陈行行、潍柴动力股份有限公司首席技师王树军、中国石油集团西部钻探公司高级技师谭文波、敦煌研究院修复师李云鹤。

这次首届“大国工匠年度人物”发布活动采取各省级工会、各全国产业工会推荐各行各业顶尖工匠人才，与职工群众推荐，自荐相结合的方式。活动坚持从严从优的标准，要求被推荐人物必须符合以下条件：一是热爱祖国，拥护中国共产党领导，积极践行社会主义核心价值观，遵纪守法，道德高尚。二是具备世界一流、国家和行业顶尖技能水平，或对中华传统文化的传承和延续发挥关键作用，是长期在生产一线工作的职工。三是在当前国家重大战略、重大项目、重大工程中作出突出贡献。四是具备一定的荣誉基础，获得过省部级以上劳动模范、全国五一劳动奖章和“工匠人才”荣誉称号。

除了国家层面的大国工匠评选，很多省级、市级、县区级乃至企业层面的工匠评选活动也陆续展开。2016 年 7 月，湖北省首届“荆楚工匠”选树活动正式启动。2016 年 8 月，陕西省首次评选出具有工匠精神的优秀技能人才，并命名为“三秦工匠”。2017 年 4 月，浙江省杭州市人民政府公布了首届“杭州工匠”名单。2017 年 4 月 28 日，南方电网公司表彰 10 名首届“南网工匠”。2018 年 4 月，浙江省总工会公布 100 名首届“浙江工匠”。2018 年 12 月 7 日，山东省总工会授予刁统武等 10 人首届“齐鲁大工匠”、吴洪波等 40 人首届“齐鲁工匠”荣誉称号。2019 年 10 月，广东省深圳市南山区总工会公布首届南山区“十大创新工匠”名单。

人物故事

李万君：高铁焊接大师

李万君，1968 年 10 月出生，中车长春轨道客车股份有限公司电焊工。1987 年 8 月，李万君在原长春客车厂参加工作，始终坚守在轨道客车转向架焊接岗位，苦练技术、攻克难关，迅速成长为公司焊接领域的技术专家，被誉为“高铁焊接大师”。李万君先后参

与了我国几十种城铁车、动车组转向架的首件试制焊接工作，总结并制定了30多种转向架焊接规范及操作方法，技术攻关150多项，其中27项获得国家专利。他先后获得全国劳动模范、全国优秀共产党员、全国五一劳动奖章、全国技术能手、中华技能大奖、2016年度“感动中国”十大人物等荣誉和称号，并在2012年、2017年当选党的十八大、十九大代表，是当代知识型职工的先进典型，是新时期高铁工人的典范。

李万君在本职岗位上取得的一个个成绩并非偶然。在33年的工作中，他勤于钻研，勇于创新，练就了过硬的焊接本领。他同时拥有碳钢、不锈钢焊接等6项国际焊工（技师）资格证书。氩弧焊、二氧化碳气体保护焊及MAG焊、TIG焊等多种焊接方法，平、立、横、仰等各种焊接方式，他样样精通。李万君根据异种金属材料焊接特性发明的“新型焊钳”已经获得国家专利并被推广使用。2012年，李万君针对澳大利亚不锈钢双层铁路客车转向架焊接加工的特殊要求总结出的“拽枪式右焊法”等30余项转向架焊接操作方法，在生产中得到广泛应用，累计为企业节约资金和创造价值8000余万元。

摘编自央视网，2019年1月9日

第二节

工匠精神的含义与特点

工匠精神的基础是工匠，工匠精神的实质在精神。工匠文化不仅经历了悠久的历史发展过程，而且有着特殊的社会历史定位，更有着丰富的文化内涵。

一、工匠的由来

我国古代称“士、农、工、商”为四民，其中的“工”就是指工匠，即有手艺专长的人。所以，工匠是能工巧匠的简称。在原始社会末期，手工业从农业中脱离之后，便出现了专门从事手工劳动的生产者，也就是我们所说的手艺人或者工匠。当时，从简单的石器、骨器、木器制作等到复杂的制陶、纺织、房屋建筑、舟车制作等，都是由工匠完成的。

在我国，工匠一词最早指的是手工业者。工匠在古代被称为“百工”，“百工”是中国古代主管营建制造的工官的名称，后来成为对各种手工业者的总称。成书于春秋末期、战国初期的《周礼·考工记》是我国已知年代最久远的手工业技术文献。这本书在中国工艺美术史、科技史、文化史上都有着举足轻重的地位，在当今世界上也是独一无二的。全书共7100余字，记述了春秋战国时期官营手工业中的木工、金工、皮革、染色、刮磨、陶瓷6大类、30个工种的情况，反映了当时我国所达到的科技及工艺水平。

《周礼·考工记》记载：“知者创物，巧者述之守之，世谓之工。百工之事，皆圣人之作也。”这里将“创物”的“百工”称为“圣人”，充分体现了早期的器具设计需要非凡的智慧。在商代时，百工属文职官的一种，同司工一起负责管理手工业生产。西周铜器令彝、伊簋铭文及《尚书·康诰》里都有“百工”一词，意指从事各种手工业的工奴，有的兼指管理工奴的工官。春秋战国时，工商食官的格局已渐被打破，出现了私人手工业者，故《论语·子张》中有“百工居肆，以成其事”，表明百工已成为对手工业者的称呼。

工匠中的“匠”字，是会意字。《说文解字》中解释道：“匠，木工也。从匚，从斤。斤，所以作器也”。“匠”本义是木工。《孟子·尽心上》记载：“大匠不为拙工改废绳墨”，即高明的木匠不因为拙劣工人改变或者废弃规矩，这里的大匠是指有专门技术的工人。《广韵·漾韵》记载：“匠，工匠。”工匠就是有某方面熟练技能、技艺高超的手艺人。这些人往往追求更高的技术或艺术境界。

延伸阅读

鲁班：木匠的“祖师”

鲁班（公元前507年至公元前444年），春秋时期鲁国人，姬姓，公输氏，字依智，名班，人称公输盘、公输般、班输，尊称公输子，惯称“鲁班”。鲁班的名字实际上已经成为古代劳动人民智慧的象征。2400多年来，人们把古代劳动人民的集体创造和发明也都集中到他的身上。因此，有关他的发明和创造的故事，实际上是中国古代劳动人民发明创造的故事。

鲁班大约生于周敬王13年（公元前507年），卒于周贞定王25年（公元前444年），生活在春秋末期到战国初期，出身于世代工匠的家庭，从小就跟随家里人参加过许多土木建筑工程劳动，逐渐掌握了生产劳动的技能，积累了丰富的实践经验。木工师傅们用的手工工具，如钻、刨子、铲子、曲尺，画线用的墨斗，据说都是鲁班发明的。而每一件工具的发明，都是鲁班在生产实践中得到启发，经过反复研究、试验出来的。

在过去，木工、瓦工、石匠等都奉鲁班为“祖师”，为他建庙奉祀。明代初年汇编的关于土木工匠营造法式的书被命名为《鲁班经》，书中还

专门讲了“鲁班仙师源流”。鲁班的传说在团结教育工匠方面，起了很大的作用。

摘编自搜狐网，2017 年 11 月 16 日

二、工匠文化的内涵

作为中国传统文化的杰出代表，孔子在《论语》中说:“工欲善其事，必先利其器。”讲的就是，工匠要把活儿干好，必须首先保证所用的工具锋利。否则，就会影响干活儿的质量。实际上，这也反映了工匠做事的态度以及做事的标准。优良的工具需由技艺精湛的工匠来制造。工匠的首要职责是造物，有技艺是能造物的前提，也是体现工匠价值的第一要素。如何使技艺达到熟练精巧的程度，古代工匠对此大多有着超乎寻常的甚至可以说是近乎偏执的追求。他们对自己的每一件作品都力求尽善尽美，并为自己的优秀作品而深感骄傲和自豪。如果工匠任凭质量不好的作品流传到市面上，往往会被认为是职业生涯的耻辱。所以，古代工匠除了对自己的技艺要求严苛外，还对之持有一种绝对专注和执着的态度，达到了忘我的境界。这也一直是我国古代工匠穷其一生努力追求的最高境界。

在古代，工匠是作风认真、严谨的一群人。例如，春秋时代的吴、越铸剑师拥有当时第一流的铸剑技术，留下了许多传奇。据说

越国铸剑名师欧冶子曾奉命为越王铸剑，四处到深山老林寻找上好的“铁母”（铁矿石）、能烧出优质炭的树、淬火效果最好的泉水。最终，欧冶子在湛庐山集齐了所有的原料，耗费整整3年才铸成了名剑湛卢。

到了战国时代，工匠的铸剑技术又有了长足的进步。秦陵考古队的专家对秦始皇兵马俑二号坑里发现的19把青铜剑进行了多项技术分析。这批秦青铜剑长为86厘米，剑身有8个棱面。根据游标卡尺的测量结果，8个棱面的误差比一根头发丝的直径还小，显然经过了精细的锉磨与抛光。剑的表面有一层大约10微米厚的铬盐氧化屏，含铬量为0.6%~2%。与吴王剑和越王剑表面所采取的硫化处理技术相比，秦代铸剑师的新技术具有更出色的防腐性能。这些秦青铜剑出土时全无锈斑，锋刃锐利得足以一次划穿18层纸。

秦代处于青铜器时代与铁器时代的交汇点，比人类开始使用机器的工业革命早大约2000年。当时的秦剑以纯手工制造，秦国工匠居然按照统一的技术规格批量生产制式装备，不得不说是一个了不起的奇迹。从这些精美的秦代兵器中，我们不难感受到秦代工匠那一丝不苟的认真劲儿。如今，我们大力弘扬和践行工匠精神，除了要学习发达国家的先进经验和做法外，更要传承和弘扬我国历史上的杰出工匠身上体现出的工匠精神。

延伸阅读

寓言故事：庖丁解牛

《庖丁解牛》是先秦道家学派代表人物庄子（庄周）创作的一则寓言故事。全文可分四段。第一段写庖丁解牛的熟练动作和美妙音响；第二段写文惠君的夸赞，从侧面烘托庖丁技艺的精湛；第三段是庖丁对文惠君疑问的解答，庖丁主要讲述了自己达于"道"境的三个阶段；第四段写文惠君听后领悟了道理。以下是全文的译文：

有一位名叫丁的厨师给文惠君宰牛。他的手接触的地方、肩膀靠着的地方、脚踩着的地方、膝盖顶住的地方都哗哗地响，刀子刺进牛体，发出"霍霍"的声音。没有哪一种声音不合乎音律：既合乎《桑林》舞曲的节拍，又合乎《经首》乐章的节奏。

文惠君说："嘿，好哇！你的技术怎么高明到这种地步呢？"

厨师丁放下屠刀，答道："我所喜好的，是'道'，它比技术进一步了。我开始宰牛的时候，看到的无一不是整头的牛；3年之后，就不曾看到整头的牛了；现在呢，我用精神去接触牛，不再用眼睛看它，感官的知觉停止了，只凭精神在活动。顺着牛体天然的结构，击入大的缝隙，顺着骨节间的空处进刀；依着牛体本来的组织进行解剖，脉络相连、筋骨聚结的地方，都不曾用刀去碰过，何况那粗大的骨头呢！好的厨师，每年换一把刀，因为他们用刀割肉；一般的厨师，每月换一把刀，因为他们用刀砍断骨头。现在，我的这把刀用了19年啦，它宰的牛有几千头了，可是刀口像刚从磨石上磨出来一样。因为那牛体的骨节有空隙，刀口却薄得像没有厚度，把没有厚度似的刀口插入有空隙的骨节，宽宽绰绰的，它对于刀的运转必然是大有余地的了。”

“因此，它用了19年，刀口却像刚刚从磨石上磨出来一样。虽说是这样，每当遇到筋骨交错聚结的地方，我看到它难以处理，就小心翼翼地警惕起来，目光集中到一点，动作因此放慢了，使刀非常轻，结果它“霍”的一声剖开了，像泥土一样散落在地上。我提着刀站起来，为此我环顾四周，心满意足，把刀擦拭干净，收藏起来。”

文惠君说：“好哇！我听了庖丁的这些话，从中获得了保养身体的道理。”

摘编自百度百科《庖丁解牛》

三、工匠精神的含义

工匠精神是每一位不甘于平庸的劳动者在平凡的工作中不断对自己提出更高的要求，并不断自我超越、自我提升、自我完善，始终追求做更好的自己时所表现出的工作态度、工作境界、工作习惯以及整体精神面貌。

1．工匠精神表现为劳动者对工作的酷爱

被誉为能工巧匠的工匠，之所以能成为广大劳动者群体中的佼佼者和杰出代表，首先表现为他们酷爱工作的劳动态度。酷爱工作的劳动态度会让劳动者“干一行、爱一行、钻一行”，并“精心打磨每一个零部件，生产优质的产品”，从而创造出精品乃至极品。

2．工匠精神展现劳动者在平凡工作中的不平凡

工匠精神就是劳动者在平凡工作中展现不平凡的精神。这就需要劳动者在奋斗中成就不平凡的人生。2019 年 4 月 30 日，习近平总书记在纪念五四运动 100 周年大会发表重要讲话强调，在实现中华民族伟大复兴的新征程上，必然会有艰巨繁重的任务，必然会有艰难险阻甚至惊涛骇浪，特别需要我们发扬艰苦奋斗精神。

3．工匠精神是劳动者高素质的集中体现

对工匠精神的追求体现的是劳动者的自我超越、自我提升和自我完善。也就是说，工匠精神是提升劳动者素质的内在力量。俗话说：你最大的对手不是别人，而是自己。战胜了自己，就战胜了一切。

4．工匠精神彰显的是精神的力量

工匠精神的核心是精神的力量，反映了劳动者的工作态度、工作境界、工作习惯以及整体工作风貌。2016 年 10 月 21 日，习近平总书记在纪念红军长征胜利 80 周年大会上强调，人无精神则不立，国无精神则不强。精神是一个民族赖以长久生存的灵魂，唯有精神上达到一定的高度，这个民族才能在历史的洪流中屹立不倒、奋勇向前。

5．工匠精神为广大劳动者指明了奋斗的方向

工匠是能工巧匠的简称，他们的自我学习、自我钻研、自我挑

战、自我突破，是其成为能工巧匠的根源。他们不断超越过去的自己，成为战胜自己的榜样。当他们不断超越过去的自己，也超越其他很多人时，他们就会成为领域内的佼佼者。

延伸阅读

中国品牌日

2014 年 5 月 10 日，习近平总书记提出“推动中国制造向中国创造转变、中国速度向中国质量转变、中国产品向中国品牌转变”。2016 年 6 月 10 日，国务院办公厅发布《关于发挥品牌引领作用推动供需结构升级的意见》，提出设立“中国品牌日”的倡议，这也是国务院站在国家层面首次正式提出的。2017 年 4 月 24 日，国务院印发《国务院关于同意设立“中国品牌日”的批复》，同意自 2017 年起，将每年 5 月 10 日设立为“中国品牌日”。

2017 年 5 月 10 日，中国国务院批准设立“中国品牌日”的第一个庆典日。2020 年 5 月 10 日，李克强总理在对“中国品牌日”活动作出的重要批示中指出，在全社会进一步增强品牌意识，引导企业弘扬专业精神、工匠精神，打造更多名优品牌，以更强的竞争力拓展市场空间，更好地满足群众消费升级和国家发展的需要。

摘编自百度百科《中国品牌日》

四、工匠精神的特点

工匠精神是当今中国热门的词汇之一，这反映了工匠精神具有重大的时代价值和鲜明的时代特征。也就是说，工匠精神是时代的产物。我国历史上有很多非常杰出的工匠。他们的作品及名声之所以能流传百世，就取决于他们身上体现的精益求精的工匠精神。纵观当今很多发达国家的一些品牌企业及其产品，之所以有着强大的全球竞争力，其根源也是因为他们展现的精益求精的工匠精神。从这个意义上讲，工匠精神不仅具有时代性，还具有历史传承性和国际性等特点。

1．时代性

工匠精神是我国经济社会发展的时代产物。在我国当前大力推动制造业转型升级的时代背景下，要实现经济发展方式转型和产业结构升级，特别是实现由制造大国到制造强国的转变以及由中国制造到中国创造的跨越，需要大力弘扬和践行工匠精神。在我国实施“一带一路”建设过程中，中国制造要走向世界，必须大力提高产品质量，而拥有精益求精的工匠精神的大国工匠是实现高品质的重要保障。

2．历史传承性

作为一种先进的精神文化追求，我国历史上有很多关于工匠精神的丰富素材。在马王堆汉墓出土的丝绸距今 2200 年，其薄如蝉翼，用料 2.6 平方米仅重 49 克。自丝绸之路开通以来，中国古代能工巧匠们所生产的匠品，一直都在影响着世界。古代中国是名副其实的“匠人之国”“匠品之国”。尽管我们已经进入了工业化、信息化、智能化时代，但是历史上的工匠身上体现出的工匠精神，仍为我们弘扬和践行工匠精神指明着方向。

3．国际性

工匠精神不仅具有历史传承性的特点，而且具有国际性特点，因为工匠精神是几乎所有发达国家能够拥有全球竞争力产品和技术的关键。工匠精神，在德国被称为“劳动精神”，在美国被称为“职业精神”，在日本被称为“匠人精神”，在韩国被称为“达人精神”，等等。

4．创新性

工匠精神的核心在于创新。创新是在不断重复、精益求精中产生的。烦琐复杂的工作是培育创新的土壤，追求完美是助推创新的动力。工匠精神既需要简单的重复与坚守，更需要持续的改进与创新。在当前我国大力鼓励“大众创新，万众创业”的社会背景下，工匠精神必须基于思维的创新、对品质的追求和对工作的坚守。因此，创新是工匠精神的灵魂。

5．引领性

近年来，党和国家以及全社会大力倡导工匠精神，充分体现了工匠精神的引领性。这种引领性一方面体现在学校教育特别是劳动教育上，即将工匠精神融入学校教育特别是劳动教育的相关课程中，引导学生学习工匠精神、践行工匠精神；另一方面贯彻在职工素质工程中，即通过工匠创新工作室影响更多的职工学工匠、做工匠。

延伸阅读

《天工开物》：我国古代的科学著作

《天工开物》是世界上第一部关于农业和手工业生产的综合性著作，是中国古代一部综合性的科学技术著作，是中国科技史料中保留最为丰富的一部。它更多地着眼于手工业，反映了中国明代末年出现资本主义萌芽时期的生产力状况。它也被称为一部百科全书式的著作，被外国学者称为“中国 17 世纪的工艺百科全书”。2020 年 4 月，它被列入《教育部基础教育课程教材发展中心中小学生阅读指导目录（2020 年版）》。

《天工开物》全书详细叙述了各种农作物和手工业原料的种类、产地、生产技术和工艺装备以及一些生产组织经验。作者宋应星在书中强调人类要和自然相协调、人力要与自然力相配合。其上卷记载了谷物、豆、麻的栽培和加工方法，蚕丝、棉、苎的纺织和染色技术以及制盐、制糖工艺。其中卷记载了

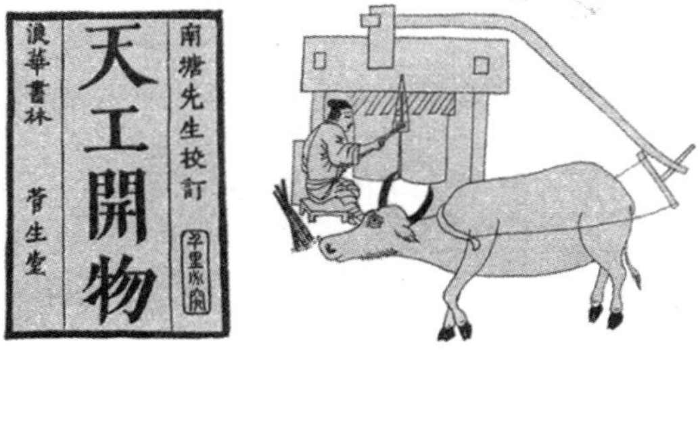

砖瓦、陶瓷的制作，车船的建造，金属的铸锻，煤炭、石灰、硫黄、白矾的开采和烧制以及榨油、造纸的方法等。其下卷记载了金属矿物的开采和冶炼，兵器的制造，颜料、酒曲的生产以及珠玉的采集加工等。

摘编自搜狐网，2017 年 4 月 28 日

第三节
工匠精神的主要内容

2020 年 11 月 24 日，习近平总书记在全国劳动模范和先进工作者表彰大会上发表重要讲话，第一次全面阐述了工匠精神的主要内容，即执着专注、精益求精、一丝不苟、追求卓越。执着专注是工匠的本分，精益求精是工匠的追求，一丝不苟是工匠的作风，追求卓越是工匠的使命。

一、执着专注

执着专注是指工匠坚定不移、集中全部精力完成一项工作时的态度，是工匠专心致志做事情的工作状态。

1．执着态度

态度往往决定一个人能到达的高度。对工作没有执着的态度，就很难取得显著的成效。没有卑微的工作，只有卑微的工作态度，每个人的工作态度完全取决于自己。工作态度比工作能力更重要，一个人的态度会决定他把事情做到什么样的程度。因此，做任何事情，都要有一个好的态度。

2．专注程度

专注就是把全部精力都集中在专业领域的学习和发展上。只有专注地耕作于某一专业领域，才能有常人不及的成就。许多优秀工匠都是长时间（短则十几年，长则几十年）专注于一项技艺或一个岗位，经过持续不断地磨炼，才最终获得卓越的成就。有了专注才会有钻劲儿。有钻劲儿几乎是大国工匠身上共同的优良品质。

人物故事

杨建华：攻克世界难题的“蓝领专家”

杨建华是沈阳鼓风机(集团)有限公司的一名普通工人，是一位连初中都没读完的铆焊专家，一位攻克了世界级工艺制造技术难题的“蓝领专家”，获得过国家科技进步奖二等奖。39年中，杨建华用辛勤的汗水和智慧，书写了一段普通工人不断跨越的历史。“舞台可以简陋，演出必须精彩；岗位可以平凡，追求必须崇高。”——这是杨建华写给自己的座右铭。

为了实现理想，杨建华把青春和汗水全都奉献给了他心爱的事业。初中只念了一年的他曾经不分昼夜，利用一切可利用的机会学技术，晚上在家学展开、放样等基本功，早上提前到厂练习电焊、铆工等技术。一本从师父那里借来的铆工技术书，被他翻烂了。他根据书上的图形做出的纸模型装了几麻袋。之后他又啃起了更难的《铆工工艺学》。几年下来，这本书愣是被他“吃”进了脑子里。随便提出一个要点，他就知道在哪一页。厂里搞技术理论大赛，杨建华总是满分。

在日常工作中，他用超乎常人的细心对待每个工作细节。随身的一个小本子成了他的宝贝，里面详细记录着问题及解决方式。他每过一段时间还系统地对其加以整理。几十年下来，本子放了整整一个抽屉，足有上百万字。在一次与德国西门子的合作中，杨建华没有迷信对方的图纸，仔细研究后发现存在严重的错误，并用自制工装一一进行了创新，顺利解决数十道难题，创造出短生产周期的历史纪录，使得原本傲慢的德国专家也由衷地向他伸出了大拇指。

摘编自《辽宁日报》，2008 年 7 月 2 日

二、精益求精

精益求精成为工匠精神的另一种表述方式，反映了工匠成为更好的自己的最高追求。精益求精的字面意思是，已经做得很好了，还要追求更好。精了还要更精，好了还要更好。

1．更高的追求

任何成功都不是轻而易举取得的，需要人有不断的更高追求。但是，一个人有更高追求的同时，要注意不能好高骛远。目标不能过高，也不能过低，最好是控制在“跳一跳能够得着”的状态。精益求精就反映了工匠不断有更高追求的工作状态。

2．更高的标准

如果说更高的追求主要是指个人的主观愿望和理想，那么更高的标准主要是指各种客观标准和工作指标。更高的标准代表了更高的竞争力。只有达到甚至超过了高标准，才意味着一个人的实力足够强。工匠精神就是追求更高标准的精神。

3．更好的自己

工匠精神的本质就是不断追求做更好的自己的工作信念和价值

追求。精益求精的本质也就是让自己的工作状态变得越来越好。工匠表面上是不断打磨自己的产品，让自己的手艺越来越精湛，实际上他们是在“打磨”自己，让自己的人生越来越出彩。

人物故事

郭晋龙：挑战极限的工人技术专家

郭晋龙，呼和浩特铁路局焊轨段维修工，从一名只有初中文化、连一张简单电路图都看不懂的维修工，成长为电气设备维修方面的行家里手、一个敢于向“洋专家”叫板的工人技术专家。他不仅能将钢轨上“最危险的皱纹”抹平，还凭借自主研发的“钢轨焊缝双频正火设备及工艺”荣登国家科技最高领奖台，成为中国铁路工人获此殊荣的第一人。

“0.4 秒之争”是郭晋龙诸多研发故事中最著名的一段。它源于研发钢轨淬火生产线失速报警装置时，郭晋龙和工友的一次分歧。经过不断攻关，郭晋龙和工友好不容易成功研发出失速 0.5 秒报警装置。这一装置能大大降低钢轨焊接时因失速而过度加热造成的烧化报废风险。在令人欣喜的时刻，郭晋龙却冷静地“泼了一盆冷水”。

他近乎苛刻地提出："必须做到失速 0.1 秒就报警。"

为了寻找解决方法，郭晋龙整天守在淬火生产线旁，仔细观察钢轨淬火过程的每一个细节。他跑遍了呼和浩特的电子市场，找来不同型号的传感器逐一"上线"测试。他还自己动手给电路板做"手术"，改变电容容量，缩短电容充电时间……反反复复研讨、改进，为了这 0.4 秒灵敏度的提升，郭晋龙和工友付出了艰辛的努力。最终，他们成功了。"搞研究就是要精益求精！"这是郭晋龙不变的工作态度，也是他的初心。郭晋龙自学成才的先进事迹在 2007 年被编入了全国中小学生美德教育读本《当代中国著名人物美德故事》丛书。

摘编自央视网，2017 年 8 月 3 日

三、一丝不苟

一丝不苟是一种做事的境界，表示一个人做事的思想觉悟和做事认真细致的态度。一丝不苟的工匠精神可以概括为严谨、严格、严苛、严肃等以"严"为核心的精神状态。

1. 认真细致的工作态度

认真细致的工作态度是一丝不苟的工匠精神的基础。它体现为一个人把全部心思用在干事创业上，把所有精力用在学习进步上，真正以认真细致的态度，扎扎实实地把工作做好。这种工作态度有

时表现为“轴”的精神、较真的态度。

2.“严”的工作精神

“严”的工作精神是工匠共同的优秀品质。他们能够自觉培养这种“严”的工作精神和作风，以严之又严、慎之又慎、细之又细的工作态度为标尺，衡量自己的工作。在这种“严”的工作状态下，他们鞭策着自己不断进步，学有所得、思有所悟，不断提升自身的综合素质。

人物故事

胡双钱：航空手艺人

胡双钱，出生于1960年7月，中国商飞上海飞机制造有限公司数控机加车间钳工组组长，人称“航空手艺人”，曾获全国劳动模范、全国五一劳动奖章、上海市质量金奖等荣誉和称号。

胡双钱1980年技校毕业后，成为上海飞机制造厂（现上海飞机制造有限公司）的一名钳工。大飞机的零件加工精度要求达到1/10毫米级。胡双钱说：“有的孔径公差，相当于人的头发丝直径长度的1/3。”

在工作中，无论零件简单还是复杂，胡双钱都一视同仁，核对图纸、画线打磨、完成加工、交付产品。每个步骤他都反复检查数遍，直到达到“零瑕疵”。正是因为这种“严”的精神，胡双钱所在的岗位曾连续12年被公司评为“质量信得过岗位”。他生产的产品36年里100%合格，无一例返工单，曾获2002年的“上海质量金奖”。胡双钱常说：“飞机零件关乎生命，干活要凭良心。”对于胡双钱来说，在这些技术层面的手艺之上，是对生命的尊重。

摘编自人民网，2016年7月21日

四、追求卓越

卓越是指杰出的、优秀的意思。追求卓越就是追求杰出的、优秀的目标。这一目标既可以是成为杰出的、优秀的人，也可以是取得杰出的、优秀的成就。工匠精神中的追求卓越是指不断让自身更加优秀的工作状态和人生信念。这种状态和信念一般源于工匠的崇高使命感、自我超越的人生追求以及关注细节的工作态度。

1．崇高使命

对工匠精神的弘扬和践行本身就是具有崇高使命感的表现。因为工匠精神对于强国、强企、强人都有着重大的价值，我们要建设社会主义现代化强国，要培育一批具有全球竞争力的世界一流企业，要培养高素质的劳动者大军，就需要追求卓越的工匠精神。对于每一位工匠来讲，追求卓越的工匠精神充分展现了他们为国家、为民族、为社会、为人民创造最大价值的使命和担当。

2. 自我超越

工匠精神的本质是一种自我超越的精神，自我超越就是不断超越过去的自己。人可以对标先进典型，也可以进行自我超越。不断反省自己、完善自己、提升自己是自我超越的过程，也是追求卓越的过程。

3．关注细节

俗话说，细节决定成败。追求卓越在一定意义上取决于关注细节的程度。细节在反映一个人做事、用心程度的同时，也反映出他对一件事情的重视态度及精细程度。追求卓越就需要从细节入手，寻找实现卓越的路径和方法，从而践行精益求精的工匠精神。

人物故事

孙泽洲："九天揽星人"

孙泽洲，1970年11月出生，"嫦娥三号""嫦娥四号"探测器总设计师，曾获国家科学技术进步奖特等奖、世界航天奖，荣获全国五一劳动奖章、全国劳动模范、2020年"最美职工"等多项荣誉称号，被誉为"九天揽星人"。

2008年，年仅38岁的孙泽洲被任命为嫦娥三号探测器系统总设计师。当时，他面临一系列的"难"：总体优化设计难，推进系

统研制难，着陆器的制导、导航与控制难，着陆缓冲分系统研制难，热控分系统研制难，巡视器移动难，巡视器自主导航控制与遥操作难……为此，他带领研制团队完全自主进行技术上的原始创新，进行了上万次数学仿真、成百上千次桌面联试，并模拟月球重力环境和月表地形地貌进行多次大型地面试验，最终攻破了月球软着陆和月面巡视核心关键技术，形成了一系列自主创新科研成果。

2016年，嫦娥四号任务和我国首次火星探测任务正式立项。作为两个探测器的双料总设计师，孙泽洲为了解决一个又一个难题，带领团队反复地进行试验验证。试验经常做到凌晨，早晨8点钟又开始第二波试验。最终，嫦娥四号探测器成功实现了人类首次月球背面软着陆和巡视探测。

摘编自国资小新微信公众号，2018年12月30日

第四节
工匠精神的时代价值

2016年3月5日，李克强总理代表国务院向十二届全国人大四次会议作《政府工作报告》时，首次正式提出工匠精神，即鼓励企业开展个性化定制、柔性化生产，培育精益求精的工匠精神，增品种、提品质、创品牌。同年12月14日，“工匠精神”入选《咬文嚼字》杂志发布的“2016年十大流行语”之一。

一、工匠精神提出的时代背景

李克强总理在2016年《政府工作报告》中首次正式提出工匠精神的一个重要时代背景是我国的供给侧结构性改革。2015年11月10日，习近平总书记在中央财经领导小组第十一次会议上首次提出“着力加强供给侧结构性改革”；同年12月，中央经济工作会议将“去产能、去库存、去杠杆、降成本、补短板”作为2016年推进供给侧结构性改革的五大任务。2016年的第一个工作日，李克强总理是在山西度过的，重点是部署被列为2016年五大结构性改革的任务之首的“去产能”工作。1月4日下午，李克强总理在太原主持召开钢铁煤炭行业化解过剩产能、实现脱困发展座谈会。

李克强总理在会上指出，化解过剩产能，要以“壮士断腕”的精神，与深化改革、企业重组、优化升级相结合。必须牢牢坚持改革观念，发挥中央和地方的积极性，发挥企业的主体精神，要更加注重运用市场化办法化解过剩产能。对于如何化解过剩产能，李克强总理指出，在化解过剩产能的同时，也要优化存量产能。去年（2015年），我们在钢铁产量严重过剩的情况下，仍然进口了一些特殊品类的高质量钢材。我们还不具备生产模具钢的能力，包括圆珠笔头上的“圆珠”，目前仍然需要进口。

如果不是李克强总理的这次讲话，很多人应该不知道，我们使用频率极高的圆珠笔头上的“圆珠”要依赖进口。为了给数百亿支圆珠笔安上“中国笔头”，我国早在2011年就开启了这一重点项目的攻关，太钢集团当时就已经参与其中。经过5年数不清的失败，在电子显微镜下，太钢集团终于看到了“添加剂”分布均匀的笔尖钢，试验在2016年9月取得成功。大规模炼钢十多次后，第一批切削性好的钢材终于在太钢集团出炉。李克强总理提出的这一问题，也得到了解决。现在，一些笔头企业开始向太钢集团批量购买笔尖钢产品。“2016中国500强企业高峰论坛”发布的2016中国企业500强、中国制造业企业500强等系列榜单中，太钢集团均榜上有名。可见，一个企业的竞争力靠的是先进的技术，先进的技术离不开优秀的人才，而优秀的人才必须具有精益求精的工匠精神。

延伸阅读

世界500强企业的评选

1929年，美国人亨利·卢斯在经济萧条的背景下，创办了《财富》杂志。第一份《财富》500强排行榜诞生于1955年，当时上榜的仅限于美国的公司。自诞生之初起，《财富》杂志的编辑们就决定将收入作为企业排名的主要依据，因为收入是衡量增长和成功的最可靠、最有力证明，也是最有意义的指标。1957年，美国之外的大公司首次拥有了专门排行榜。1976年，第一份国际500强排行榜出炉，但仅包括美国之外的公司。

直到1995年，第一份包含美国和其他各国企业在内的综合榜单才正式问世，这也是第一份真正意义上的世界500强排行榜。这份榜单后来常被作为基准，用来对企业、行业或国家历年的表现进行数据对比。和同样推出公司排行榜的《福布斯》《商业周刊》相比，《财富》500强以企业的销售收入为依据进行排名，比较重视企业规模；而《商业周刊》则是把企业的市值作为主要依据；《福布斯》则综合考虑企业的年销售额、利润、总资产和市值。《商业周刊》的排名仅限于发达国家，而《财富》则将世界各国的企业都进行排名。

摘编自百度百科《世界500强》

二、工匠精神的强国价值

李克强总理在2016年的《政府工作报告》中，是从“提升消费品品质”角度提出的“培育精益求精的工匠精神”的要求，即加快质量安全标准与国际标准接轨，建立商品质量惩罚性赔偿制度。鼓励企业开展个性化定制、柔性化生产，培育精益求精的工匠精神，增品种、提品质、创品牌。可见，工匠精神对于提升我国产品质量特别是我国产品的全球竞争力有着重大的战略意义。2016年4月，国务院批准发布的《贯彻实施质量发展纲要2016年行动计划》指出：以提高发展质量和效益为中心，开展质量品牌提升行动，加强供给侧结构性改革，推动建设质量强国，制定本行动计划。

实现质量强国特别是制造强国，成为我国的重要强国战略。而制造强国必须有高质量的产品作为保障。早在2015年5月8日，国务院就确定全面推进实施制造强国战略。制造业是国民经济的主体，是立国之本、兴国之器、强国之基。自18世纪中叶开启工业文明以来，世界强国的兴衰史和中华民族的奋斗史一再证明，没有强大的制造业，就没有国家和民族的强盛。打造具有国际竞争力的制造业是我国提升综合国力、保障国家安全、建设世界强国的必由之路。

实际上，代表高质量的精益求精的工匠精神，也是很多发达国家之所以发达的关键。德国制造、日本制造、瑞士制造是世界一流制造水平的代名词，它们的背后都有着工匠精神的有力支撑。工匠精神具有与工业时代的流水线、快节奏生产差别化的核心竞争优势。越是机器化大工业时代，产品品质的竞争就越为激烈。产品的精度和质量成为品牌竞争中的核心优势来源，这也体现了工匠精神的独特价值。

三、工匠精神的强企价值

从一定意义上讲，一个国家的竞争力取决于这个国家的企业竞争力，而企业竞争力在根本上来源于它的产品、服务或技术竞争力。工匠精神的强企价值关键在于提升产品、服务或技术的竞争力。很多发达国家就是通过工匠精神实现强企从而强国的目标的。德国之所以成为发达国家，是因为工匠精神成就了他们很多的百年企业。德国从机械产品、化工产品、电器、光学产品，到厨房用具、体育用品，都是质量过硬的产品，动不动就“能用100年”，从而使“德国制造”成了高质量和良好信誉的代名词。发达国家瑞士的手表之所以誉满天下、畅销世界，靠的也是精益求精的工匠精神。瑞士制表商对每一个零件、每一道工序、每一块手表都精心打磨、专心雕琢，他们用心制造产品的态度就是工匠精神的体现。

我国有很多家上百年的中华老字号企业，他们的成功秘诀也在于具有工匠精神。在布鞋老字号内联升制作一双成鞋，不仅需要精心选材，还需要经过90多道工序，整个制鞋过程中用到的工具近40种。传统手工艺品老字号王星记，其黑纸扇的每道工序都由不同的人来完成，包括制骨、糊面、上页、折面、整形、砂磨等86

道大工序，制作过程极其复杂、费时。中药老字号同仁堂，其立店箴言亦是注重手工制作的“炮制虽繁必不敢省人工，品味虽贵必不敢减物力”。尽管这些手工制作环节逐渐被机械化、自动化、智能化生产所取代，但是，其中的精益求精的工匠精神仍然需要中国的企业大力传承和弘扬，因为工匠精神是成就伟大企业的必要条件。

为了展现中国企业取得的重大成就，2013 年 11 月 6 日，《大国重器》纪录片在中央电视台财经频道首播。《大国重器》以独特的视角记录了中国装备制造企业创新、发展的历史，鲜活地讲述了充满中国智慧的机器制造故事，再现了中国装备制造企业从无到有再到赶超世界先进水平背后的艰辛历程，展望了中国装备制造企业迈向高端制造的未来前景。尽管这个纪录片反映的是中国装备制造企业的强大之路，但也是所有中国企业必然要走的强大之路。从这个意义上讲，强企从而强国的战略号角已经吹响。没有强大的劳动者大军，也难有强大的企业。因此，工匠精神的根本意义在于建设强大的劳动者大军，这也是工匠精神的育人价值。

延伸阅读

瑞士钟表：饱含恒久流传的工匠精神

19 世纪中叶至 20 世纪初是瑞士中高档钟表业的黄金时代，萧邦、伯爵、百达翡丽、爱彼、名士、劳力士、朗迪等一批耀眼的品牌相继创业奠基，构成瑞士中高档钟表生产的主力。几百年过去了，对传统工艺的传承、对技艺的不断创新使得瑞士钟表业保持了它在世界钟表市场的领先地位。瑞士人以手工工匠的精准、细腻与创新，使瑞士钟表在几个世纪以来一直被人们追捧。瑞士钟表业也拥有了许多发明和世界纪录：第一只手表、第一只石英手表、第一只防水手表、第一对运动情侣手表、世界上最薄的手表、世界上最小的和世界上最昂贵的手表等。

在科技高度发达，流水线、标准化生产不断普及的今天，在瑞士的高端手表领域，依然有一些追求极致完美的高级工匠坚持用手工作坊的形式，制造顶级奢华手表。在他们的工作室中，每一块表都是由一位组装师手工组装而成的。手表的几十甚至上百个零件的打磨、组装，基本都由工匠师手工完成。瑞士机械表的精密度越来越高。在宝珀公司，有一款名为“1735”的机械表内有744个零件，最小的零件细如毫发。即使一位顶级表匠全心投入，一年也只能制造出一只该表。

摘编自搜狐网，2017年9月13日

四、工匠精神的育人价值

工匠精神的时代价值在根本上体现了人才强企从而强国的重大意义。习近平总书记在党的十九大报告中强调，建设知识型、技能型、创新型劳动者大军，弘扬劳模精神和工匠精神，营造劳动光荣的社会风尚和精益求精的敬业风气。体现劳动光荣的劳模精神为广大劳动者指明了努力的方向，让学先进、做先进成为社会的风尚。展现精益求精的工匠精神为广大劳动者确立了职业素质的标准，让精益求精成为敬业的风气。从这个意义上讲，工匠精神对于全面提升劳动者整体素质有着重大的育人价值。

2016 年 3 月 5 日，习近平总书记在参加十二届全国人大四次会议上海代表团审议政府工作报告时，听取了一线工人、全国人大代表李斌发言后强调，我们要想办法调动一线工人、制造业工人、农民工的积极性，这也是社会主义的本质要求。2017 年 2 月 6 日，习近平总书记主持召开中央全面深化改革领导小组第三十二次会议，审议通过《新时期产业工人队伍建设改革方案》（以下简称《改革方案》）。2017 年 4 月 14 日，中共中央、国务院印发《改革方案》。该方案提出，要把产业工人队伍建设作为实施科教兴国战略、人才强国战略、创新驱动发展战略的重要支撑和基础保障，纳入国家和地方经济社会发展规划，造就一支有理想守信念、懂技术会创新、敢担当讲奉献的宏大的产业工人队伍。

《改革方案》提出，要构建产业工人技能形成体系，打造更多高技能人才，加大对产业工人创新创效扶持力度。要培育更多会创新的高技能人才，离不开对工匠精神的践行。可见，工匠精神具有重要的育人价值。

人物故事

王曙群:“太空之吻”的缔造者

王曙群,1970年6月生,上海航天设备制造总厂有限公司班组长,荣获全国五一劳动奖章、国家科技进步奖二等奖、中华技能大奖、全国道德模范、全国劳动模范、2020年“最美职工”等荣誉和称号。

1989年,19岁的王曙群技校毕业,进入上海新中华机器厂,也就是后来的上海航天八院,从事工装模具的装配、维修工作。1996年,厂里举办高级工培训班,规定工龄在10年以上的职工才能参加。当时王曙群才工作7年,但得益于中级工考试获得全厂第二名的好成绩,他被破格允许参与了培训班。机缘巧合,正好赶上对接机构产品研制。用他的话说:“新的任务一下子激发了我的激情,我想学,想好好学,恨不得把研制初期遇到的问题统统在培训班里找到答案。”

从一台简单的原理机开始,王曙群和团队研究打造对接机构,这一干就是9年。9年心血打造出的第一台对接机构样机一上测试台,就给王曙群一个下马威——对接锁的同

步性出了问题。经过多次试验发现，其分离姿态与设计要求产生了严重偏差。为了早日攻克这一难题，王曙群走路时想，睡觉时想，有时在饭桌上还会情不自禁地用手比画。通过近一年的反复试验、摸索，他终于找到了问题的症结。他马上提出改变钢索旋向以及对钢索进行预拉伸处理的工艺方案，同时将判断锁钩同步性的测量方法进行调整，一举解决了困扰团队近 2 年的难题。这一方案不仅能使柔性传动的对接锁系快速精准地调整到同步，也使同步稳定性从最初的 3 次提高至 50 次以上。

2011 年，神舟八号和天宫一号载着由王曙群带领的团队亲手装调的对接机构，在太空上演了一场完美的“太空之吻”，使我国成为继俄罗斯之后第二个掌握对接机构装调技术的国家。

摘编自东方网，2019 年 9 月 13 日

第五节

如何践行工匠精神

我们学习和弘扬工匠精神的主要目的，就是通过践行工匠精神，成为更好的自己，最终成为专业领域内或行业内的工匠人才。每个劳动者都应该践行工匠精神，打造自己的绝技、绝活儿，成就

自己的美好人生。践行工匠精神不是一件容易的事情，关键在于认识自己。而要全面认识自己，需要从兴趣、理想、信念、责任、态度、习惯等几个方面着手，做到兴趣浓厚、理想远大、信念坚定、勇担重任、态度积极、习惯优良。

一、兴趣浓厚

兴趣是最好的老师。工匠精神的践行必须建立在兴趣浓厚的基础之上。有人给比尔·盖茨出过一个题目：有五把带锁的抽屉，里面分别装着财富、兴趣、幸福、荣誉、成功，但只能带一把钥匙，而把其他的四把锁在抽屉里，请问，你想带的是哪一把钥匙？比尔·盖茨的选择是兴趣。因为，最感兴趣的事物中隐藏着人生的目标和方向。乔布斯从小就对电子产品有着浓厚的兴趣。他从中不仅获得了感官和精神享受，更为日后创办苹果公司并成为世界电子产业的领军人物打下了基础。当一个人从事他喜欢的工作时，那么他的潜能将会得到最大限度的发挥。乔布斯的成功源于他把个人的兴趣与自己的天分结合在一起。他对电子行业的兴趣，不仅成就了他，也成就了苹果公司，最终开创了电子产品的新时代。

如果一个人始终在做自己感兴趣的事情，即使一开始进展不如想象中的顺利，但只要肯花时间去学习，愿意像乔布斯那样全身心地投入其中，持续努力，自然会把事情越做越好。

很多人一时难以弄清楚自己的兴趣所在、擅长什么，这就需要你在实践中善于发现自己、认识自己，不断地了解自己能干什么、不能干什么，如此才能取己所长、避己之短，进而取得成功。作家斯贝克一开始并没有意识到自己会成为作家，曾几次改行。开始，因为身高 1.9 米，他便爱上了篮球运动，加入了市男子篮球队。因为球技一般，年龄渐长，他又改行当了专业画家，但他的画技也无过人之处。当他给报刊绘画时，偶尔也写点短文，他终于发现了自己的写作才能，从此走上了文学创作的道路。

人物故事

吴运铎：中国的“保尔 · 柯察金”

吴运铎（1917—1991 年），祖籍湖北省武汉市，出生于江西省萍乡市安源煤矿。他是新四军兵工事业的创建者和新中国兵器工业的开拓者，新中国第一代工人作家，被誉为中国的“保尔 · 柯察金”。他 2009 年被评为 100 位为新中国成立作出突出贡献的英雄模范之一，2019 年获“最美奋斗者”称号。

吴运铎的父母都是煤矿工人。小时候，他对矿上的一台空气压缩机产生了浓厚兴趣，经常去看师傅们开动机器、加油加水、拆卸修理。巨大的飞轮让他感受到了机械的力量。抗战爆发后，吴运铎参加了新四军，被派到了皖南云岭的新四军司令部修械所。

那里条件艰苦，缺人、少资金、没材料，每一项难题都是一条“拦路虎”。纵使困难重重，吴运铎依然决然地在农舍的茅草棚子里开启了自己的军工生涯。

有这样一段文字描述了当时条件的简陋：把水井的辘轳固定在一个支架上，绳上吊一块100多公斤的铁疙瘩，就成了锻打枪体、炮弹壳的“手摇汽锤”；在磨粮食的石磨轴上，套一条粗布缝制的传送带，就成了“人推发动机”；将手电筒灯珠磨出一个口往里面塞火药，一通电就成了“电发雷管”……在这种近乎原始的艰难条件下，吴运铎建成我军第一个军械修造车间，并制造出我军第一支自制步枪。吴运铎还造出了我军第一批枪榴弹。

翻看他的个人履历，上面满是“火药味”——新四军司令部修械所车间主任、淮南根据地子弹厂厂长、华中军工处炮弹厂厂长……履历变化的背后，是他身上的累累伤痕：他全身上下布满100余处伤痕；经过了20多次手术，身上还残留着几十块弹片；左手4根手指被炸掉，右腿残疾，左眼几乎失明……

1951年，吴运铎当选全国劳动模范，到北京参加国庆观礼，受到国家领导人的接见。周总理握着他的手说：“你就是中国的‘保尔·柯察金’。”

摘编自《解放军报》，2019年11月1日

二、理想远大

工匠精神的践行需要有浓厚的职业兴趣，更需要远大理想的引领。理想是生活的动力源。人生因追逐理想而向前奔波，在理想的指引下走向完美、走向辉煌。

一个人追求的目标越高，他自身的潜能才能发挥得越充分。人之伟大或渺小都决定于志向和理想。伟大的毅力只为伟大的目标而产生。只有那些怀抱理想、志存高远、奋斗不息的人，才能完美地冲刺到终点。

哈佛大学有一个关于目标对人生影响程度的跟踪调查。被调查对象是一群智力、学历、所处环境等都差不多的人。调查结果发现，27% 的人没有目标，60% 的人有较模糊的目标，10% 的人有清晰而短期的目标，只有 3% 的人有清晰而长期的目标。25 年的跟踪结果显示：3% 的人 25 年来都不曾更改过目标，朝着目标不懈努力，25 年后几乎都成了社会各界的顶尖人士。10% 的人生活在社会的中上层，短期的目标不断地被达成，生活状态稳步上升。60% 的人几乎都生活在社会的中下层，能够安稳地生活与工作，但似乎都没什么特别的成就。27% 的人几乎都生活在社会的最底层，25 年来生活过得不如意，靠社会救济度日，并常常抱怨他人、抱怨社会。目标对人生有着巨大的导向性作用。成功在一开始仅仅就是一个选择。你选择什么样的目标，就会有什么样的人生。

三、信念坚定

工匠精神的践行还需要有坚定的信念作为支撑。信念就是对自己职业或事业乃至人生有坚定的信心。有什么样的信念，就有什么样的人生。信念是锤炼人们钢铁意志的熔炉，也能造就人们前进不馁的意志，更是一种不屈不挠的坚持。

人生从坚定的信念出发，生活从选定的方向开始。信念是黑暗中的光亮，让我们在踌躇迷惘中找到自我；信念是一种心胸的豁达，因为锁定目标而不计较细枝末节。坚定的信念比成功本身更重要，人生只有难免的挫折，没有绝对的失败，很多成就都来自决不妥协的信念。只要信念在，希望就在。信念是一种无坚不摧的力量，当人坚信自己能成功时，往往就能取得成功。

有一年，一支英国探险队进入撒哈拉沙漠的某个地区，在茫茫的沙海里跋涉。阳光下，漫天飞舞的风沙像炒红的铁砂一般扑打着探险队队员的面孔。口渴似炙、心急如焚，大家的水却都没了。这时，探险队队长拿出一只水壶，说："这里还有一壶水，但穿越沙漠前，谁也不能喝。"一壶水成了穿越沙漠的信念之源，成了求生的寄托目标。水壶在队员手中传递，那沉甸甸的感觉使队员们濒临绝望的脸又露出了坚定的神色。终于，探险队顽强地走出了沙漠，挣脱了死神之手。大家喜极而泣，用颤抖的手拧开那壶支撑他们的精神之水，然而从壶里缓缓流出来的却是沙子！真正救了他们的是他们自己的信念。

四、勇担重任

工匠精神的践行需要勇于承担重任。很多工匠几十年如一日，坚守某一种技艺技能，就是为了做出精品和极品。托尔斯泰曾说过，责任是一种意识、一种精神、一种态度、一种超越能力的素质。责任更多的不是体现一个人的学识、水平和能力，而是体现一个人的品格，体现一个人的价值观和思想境界。所有伟大的或者成功的人物，一定具有强烈的责任感。一个没有责任感的人，即使是天才也绝对成就不了事业。

一个真正有责任感的人会努力地、不断地学习和全面提高自身的素质和能力；会客观地审视自我，不断改变自我、超越自我，从而更好地履行职责。一个人的能力也需要通过尽职尽责地工作来体现。工作意味着责任，无论你处于什么岗位。责任感会让你的潜力得到充分的发挥，会使你克制一时的意气用事，会引导你改变不良嗜好、减少惰性，会让你分秒必争、放弃暂时的私利，会让你更加顾全大局，更具包容心、耐心甚至自我牺牲精神。

想要在工作中得到领导的重视和肯定，首先要具备的就是强烈的责任心。如果在工作中缺乏责任心，就有可能产生无法预料的后果。有些人因为缺乏责任心导致工作结果“差之毫厘，失之千里”。只有每个人都尽职尽责，各项工作才能顺利进行。承担的责任往往与能力相关，多一分责任感，就多一分回报；多一分责任感，就多一分竞争力。

五、态度积极

态度是个人对他人、个人对事物、个人对现象等较持久的肯定或否定的内在价值倾向，比如喜爱某个人、反对某件事等。好的态度是成就大事的必备条件，一个人的态度决定了他能做到什么程度。在历史和现实中，由于对生活、学习、工作、事业抱消极态度而最后碌碌无为者不计其数，而抱积极态度不懈奋斗的最终成功者比比皆是。这都是由每个人的态度决定的。因此，可以说，态度决定着一个人的前途和命运。

成功者倾向于用积极的态度思考，用乐观的精神和丰富的经验掌控自己的人生。而失败者恰恰相反，他们的人生是受过去的种种失败与疑虑所引导和支配的。心理学家威廉·倍姆斯曾经说过，我们这一代人最伟大的发现就是，人类可以借改变心中的态度来改变人生。生活中那些成功者的最大特点，就是无论何时何地对于何事都能持有正确的态度，即使有时候态度不正确也能及时加以调整。

在日常生活中同样如此。没有什么事情是一定做不好的，关键在于态度。还没有开始做事情的时候，我们就认为它不可能成功，那它当然最终也不会成功；做事情的态度不认真、不积极、不热情，事情也不会有好的结果。我们对事情采取什么样的态度、付出什么样的情感和行动，就对应什么样的结果。只要我们时刻以积极的态度去面对工作和生活，每天以饱满的热情去迎接新的挑战，就一定能展现出最好的自己、实现自己的价值。

六、习惯优良

工匠精神体现的是工匠的优良习惯。因此，工匠精神的践行必须建立在优良习惯的基础之上。有人说过，播下一种心态，收获一种思想；播下一种思想，收获一种行为；播下一种行为，收获一种习惯。好的习惯不仅能促使人成功，而且能改变人的命运。好的习惯可以使人受用一生。好习惯养成得越多，驾驭自己的能力就越强。

一个人最大的敌人是自己，改变坏习惯也是战胜自己和征服自己的过程。生活总是属于能战胜自己的强者，只有强者才能改变命运，是赢是输完全取决于你自己。形成一个习惯的重要方式是重复。为了养成好习惯，好行为必须重复。

一旦形成好习惯，我们就更容易实施好计划和行动。没有积极的行动就不可能取得成功。只要习惯与目标一致，做习惯的主人，不做习惯的仆人，就可以彻底改变坏习惯，形成好习惯。

参考文献

1. 习近平:《决胜全面建成小康社会　夺取新时代中国特色社会主义伟大胜利——在中国共产党第十九次全国代表大会上的报告》，人民出版社，2017 年。

2.《习近平谈治国理政》第一卷，外文出版社，2014 年。

3.《习近平谈治国理政》第二卷，外文出版社，2017 年。

4. 习近平:《在庆祝“五一”国际劳动节暨表彰全国劳动模范和先进工作者大会上的讲话》，人民出版社，2015 年。

5. 习近平:《在知识分子、劳动模范、青年代表座谈会上的讲话》，人民出版社，2016 年。

6. 李玉赋:《新的使命和担当:〈新时期产业工人队伍建设改革方案〉解读》，中国工人出版社，2017 年。

7. 李玉赋:《忠诚党的事业、竭诚服务职工：全面学习贯彻习近平总书记关于工人阶级和工会工作的重要论述》，中国工人出版社，2019 年。

8. 中华全国总工会:《争做新时代的奋斗者：深入学习贯彻习近平总书记给中国劳动关系学院劳模本科班学员回信重要精神》，中国工人出版社，2018 年。

9. 中华全国总工会研究室:《新时代、新使命、新作为：深入学习贯彻习近平总书记关于工人阶级和工会工作的重要论述》(第2版)，中国工人出版社，2018年。

10. 北京市总工会:《劳动文化研究》，北京出版社，2013年。

11. 大国工匠与劳动模范研究所:《新时代 新工匠：工匠精神职工读本》，中国工人出版社，2018年。

12.《工匠精神学习笔记》编写组:《工匠精神学习笔记》，中国工人出版社，2016年。

13. 侯兴传、王持栋:《劳模精神员工读本》，中国工人出版社，2011年。

14. 乔东:《劳模精神、劳动精神和工匠精神探析》,《中国劳动关系学院学报》，2019年第5期。

15. 人力资源社会保障部教材办公室:《工匠精神》，中国劳动社会保障出版社，2019年。

16. 人力资源社会保障部教材办公室:《工匠精神读本》，中国劳动社会保障出版社，2016年。

17. 孙洋波:《中国共产党树立劳模的发展历史》,《学园》，2013年第33期。

18. 王永玺、张晓明:《简述中国劳模的历史发展》,《北京市工会干部学院学报》，2010年第3期。

19. 吴学东:《马克思的劳动思想研究》，中国社会科学出版社，2018年。

20. 向德荣:《劳模精神职工读本》，中国工人出版社，2016年。

21. 杨冬梅:《新中国70年劳模事业成就与经验》,《湖北社会科学》，2019年第8期。

22. 张晓明:《中国劳模的历史叙事与启示》,《领导理论与实践》，2011年第3期。

23. 郑莉:《大国工匠》，中国工人出版社，2017年。

说　明

本书在出版前，未及时联系到部分图片及引用文章的作者。请作者看到本书后与出版社联系，我们将按照使用标准支付稿酬，由此带来的不便，敬请谅解。

编者